혼자서도 온전하게 살아가기

고독 마인드

입문

Introduction to the Right Loner Mindset

제1장 고독한 인간의 정체

제2장

마인드셋 –
괴로운 삶에 어떻게 맞설 것인가

제3장 관찰 –
현실을 바르게 파악한다

제4장 행동 –
인생을 최적화하는 습관

제5장 '음'의 미래

"암울한 청춘을 보내고 있는 학생이나 어두운 기억에서 벗어나지 못한 젊은이들에게, 뭔가 전할 수 있는 이야기가 없을까요?"

KADOKAWA 출판사의 이런 제안이 이 책을 쓰는 계기가 되었습니다.

저는 평소 유튜브와 트위터라는 창구를 이용해 '나 홀로 행동'과 관련된 정보를 공유하고 있습니다. 개인적 경험을 토대로 한 내용들이죠. 간혹 그런 이야기에 도움을 받았다고 말씀해주시는 분들도 계시는데, 사실 누군가를 도우려는 의도는 없습니다. 그냥 하고 싶어서 하는 일에 어쩌다 공감을 해주시는 분들이 계실 뿐이죠. 처음에는 이 책을 출간하는 일이 그리 내키지 않았습니다. 어설픈 인플루언서의 책이 될 것 같다는 생각밖에 들지 않았거든요.

하지만 제안을 받은 후, 새삼스레 생각하게 되었습니다. 앞으로 어떤 사람들과 마주하며 사는 것이 내게 더 유익할까에 대해서요. 저를 아는 분 중에는 '책을 내면 실망할 거야', '보나마나 돈이 목적이겠지' 같은 부정적인 반응을 보이는 이들이 있는 반면, 제게 일상 속 인간관계에 대한 진지한 고민을 상담하는 분도 계십니다. '이런 상황에서 나는 과연 누구를 기쁘게 해줘야 할까.' 고민을 거듭한 끝에, 앞으로 나아가려는 이들에게 조금이나마 가치 있는 정보를 전할 수 있다면 그걸로 된 것 아닐까, 책을 읽을 마음이 있는 이들에게 자기 표현을 하는 것이야말로 유익한 일이 아닐까 하는 결론을 내리게 되었습니다.

그래서 고독에 대한 콤플렉스가 있거나 인간관계에 어려움을 겪고 있는 중고생과 20대를 염두에 두고 이 책을 썼습니다. 어디까지나 '입문'에 초점을 둔 글이므로, 관련 지식에 해박한 이들이나 어느 정도 인생 경험이 있는 분들에게는 지극히 당연해 보이는 내용도 많을지 모릅니다.

다소 노골적인 표현일 수 있지만, 현재진행형의 괴로움을 겨고 있는 분들에게 제가 잘난 척 조언을 하는 것은 우습다고 생각합니다. 인간은 괴로운 기억을 망각하도록 만들어져 있다고 하니 겉만 번지르르한 말로는 미처 덮을 수 없는 경험들은 진작에 지워졌을지 모르고, 시간이 지나며 당시의 욕망이 어느 정도 정화되기도 했을 것입니다. 저는 그저 대학을 졸업할 때까지 무작정 버티는 일밖에 할 수 없던, 그 고독했던 과거를 웃기고 흥미로운 콘텐츠로 만들어 소개하는 인간일 뿐이니까요.

생전 처음 책을 쓰면서 제 능력의 부족함을 느낀 것은 부정할 수 없는 사실이지만, 적어도 책을 사신 분들이 손해 보는 기분을 느끼지 않도록 학창 시절부터 사회인이 될 때까지 쌓아온 사소한 지식을 힘닿는 데까지 전하려 노력했습니다. 다소 부정적으로 비칠 수도 있지만, 보다 좋은 결과물을 내기 위한 제 나름의 노력이었다고 믿습니다. 이런 면도 저라는 캐릭터의 일부니까요.

이 책은 출판사의 편집자, 콘텐츠 에디터와 함께 작업한 것으로 어쩌면 평소의 제 말투와 다르게 느껴지는 부분이 있을지도 모릅니다. 이 역시 폭넓은 세대의 독자들이 조금 더 편하게 읽을 수 있도록 편집자와의 소통을 거듭하며 겪은 시행착오의 산물이라고 생각해주시면 감사하겠습니다.

　제1장에는 고독한 인간에 대한 대담하고 독자적인 고찰을 적어보았고, 제2장에는 고독과 마주할 때 어떤 의식을 가져야 하는지 등 대체로 자기 계발 성향을 띠는 내용들을 담았습니다. 제3장에는 집단 속 기준에 균열을 일으키기 않기 위해 필요한 추상적 습관을 정리했고, 제4장에는 혼자 정보를 수집하는 구체적인 기술을, 제5장에는 고독한 사람들의 미래상과 그들에게 보내는 조언 혹은 참견을 담았습니다.

　책장을 넘기는 동안 여러분의 생각에 조금이나마 변화가 생긴다면 참 좋겠네요. 그럼, 짧은 시간이겠지만 부디 잘 부탁드리겠습니다.

고독은
예고 없이 찾아온다

본편으로 들어가기에 앞서, 자기소개 삼아 저의 '나 홀로 경험'에 대해 조금 이야기해볼까 합니다.

　어떤 분들은 제가 마치 고독의 전문가처럼 정보를 공유한다고 생각하시겠지만, 어려서부터 쭉 혼자였던 것은 아닙니다. 지극히 일반적인 집안에서 자랐고, 어릴 때는 남들과 다름없이 친구와 어울려 놀곤 했습니다. 하지만 고등학교 입학 후, 톱니바퀴가 틀어지기 시작하며 고립과 맞닥뜨리게 됩니다. 가장 깊은 고독에 빠져서 지냈던 시기는 고등학교 시절부터 대학생 때까지였습니다.

● 친구지만 괴롭힘 당하는 존재

본격적인 고립이 시작되기 전까지 저는 그저 '조금 이상한 녀석'이었습니다. 특별히 친구가 많거나 커뮤니케이션에 능통한 것은 아니었지만 나름 같이 지내는 반 친구들이 있었고, 아이들과 적당히 어울리며 지냈습니다. 어디에서나 볼 수 있는 그런 평범한 소년이었죠.

초등학교 때는 늘 네 명 정도가 함께 어울렸는데 어느 날 그 아이들이 동시에 전학을 가버렸습니다. 돌아보면 그 사건이 고독한 인생으로 들어가는 입구가 되었는지도 모르겠습니다. 쓸쓸함보다 기쁜 마음이 컸던 당시의 심경이 기억납니다. 그들은 항상 저를 괴롭혔고, 이제 와 생각해보면 이른바 '왕따'와 다름없는 취급을 받아왔습니다. 그런데도 함께 지낸 이유는 저를 상대해준다는 사실에 대한 기쁨 비슷한 것이 있었기 때문이었어요.

그들이 전학을 간 후에도 특별히 문제없는 학교생활을 했습니다. 공부도 운동도 곧잘 했던 저는 중학교에 올라가 '어른스럽고 인기 있는 아이'라는 나름의 포지션을 구축할 수 있었습니다. 리더십을 발휘하거나 사람들 앞에서 당당하게 발언하는 캐릭터는 결코 아니었지만, 초등학교 때까지는 대부분의 아이들이 신경 쓰지 않던 성적에 대한 관심이 높아지던 시기라는 점이 한몫했던 것 같습니다. 하지만 이런 영광의 날들을 맛봤던 기억 때문에 이후의 추락이 더 깊은 나락으로 느껴지기도 했습니다.

● 실패한 고등학교 생활

변화가 찾아온 것은 고등학교 입학 직후였습니다. 고등학교 1학년 초반에는 같은 중학교 출신의 친구들끼리 어울리며 점차 무리를 키워나가는 것이 일반적인데 저희 반에는 중학교 때의 친구가 없어 그 기술을 활용하지 못했습니다. 또 하나의 방법은 앞이나 뒤, 옆자리 친구들과 사이좋게 지내는 것인데 저는 주변 사람들에게 딱히 관심을 갖지 않았습니다. 나름 고향에서 가장 우수하다고 알려진 고등학교에 진학했는데도 수준 높은 대화가 오가기는커녕 캬하하 웃고 떠드는 고등학생의 수다 소리밖에 들리지 않더군요.

그래서인지 고등학교에 입학했을 무렵부터 이상한 선민의식 비슷한 것에 빠지고 말았습니다. '나는 남들과 다른 인간이다. 뭔가 특별한 능력이 있는, 언젠가 세상에 이름을 떨칠 인물이다. 여기 있는 사람들과 어울려 지낼 그릇이 아니다.' 사람들에게 털어놨다가는 따가운 눈총을 받게 될 '중2병스러운' 생각을 마음속 깊이 품고 있었습니다. 현실은 다른 아이들만큼 학교 안에서 인간관계를 만들지 못하는, 중학교 때와는 달리 성적도 평범하고 운동 능력도 특출나지 않은, 존재감이 흐릿한 그저 그런 인간일 뿐이었지만요.

'그 고등학교에는 똑똑한 아이들이 모여 있을 테니 앞으로 평생의 벗으로 삼을 친구와 수준 높은 교류를 할 수 있을 거야!'

'단순히 가까운 사람이 아니라 특별한 무언가가 있는 운명의 상대를 만날 것 같은 기분이 들어.'

지금 생각해보면 고등학교 입학 전에 이런 희망을 품고 있던 탓에 가까이 있는 사람들과의 교제에 소홀했던 것 같습니다. 곁에 있는 사람이 운명의 친구가 될지 말지는 자기 하기에 달렸는데 이런 생각이나 하고 있었으니, 아무리 시간이 흘러도 친구가 생길 리가 없었죠. 어릴 때처럼 순수한 마음으로 다른 사람과 접할 수 없게 되어 버린 것입니다. 이처럼 '의외로 타인들에게 관심은 있으나 높은 자존심 때문에 다가가지 못하는 상태'가 이어지고, 학교생활에 좀처럼 녹아들지 못한 채 '나는 남들한테 관심 없어, 사람 싫어'라고 필사적으로 스스로를 타이르는 딱한 존재가 되어 버렸습니다.

매일 혼자 지내게 된 저는 '홀로 지내는 것이 아무렇지 않은, 혼자가 당연한 사람'이라는 캐릭터를 연기했습니다. 화장실 같은 곳에 숨어서 밥을 먹으면 '외톨이인 모습을 남들에게 보이고 싶지 않아서 숨어 있는 거야'라는 사실을 인정하는 꼴이니 절대 숨어 먹는 일은 하지 않았고 제 자리에서 아무렇지 않은 척, 오히려 무리 지어 있는 반 친구들에게 혼자 있는 것이 더 멋지다고 보여주기라도 하듯, 혼자 점심을 먹었습니다.

학년이 높아지고 반이 바뀌어도 친구가 생기지 않아 고민하며 몸부림치는 나날이 계속되었죠. 그렇다고 등교 거부를 결심할 정도의 용기도 없었습니다. 진로나 장래에 안 좋은 영향을 줄 수도 있고, 부모님께 걱정을 끼치고 싶지도 않았으니까요. 무엇보다 반 아이들에게 학교에서 버티지 못하고 결국 포기한 아이로 인식되는 패배감을 맛보고 싶지 않았습니다. 그래서 가고 싶지 않은 학교에 매일매일 끌려가듯 다녀야 했습니다. 표정을 감추고 담담하게 학교와 집을 오가는 하루하루를 보냈습니다. 집에서 친구 이야기를 꺼낸 적이 없으니 아마 부모님도 어렴풋이 제 상태를 눈치채지 않았을까 싶어요.

당시 제 정신 상태는 그리 건강하지 못했지만 그때의 경험이 지금의 저를 이루고 있는 것도 사실입니다. 학습 능력이 높던 어린 시절에 혼자 보고 들은 것, 읽은 것들이 이후의 사고방식을 정립하는 데 큰 도움을 주었습니다. 이제는 '고독도 꼭 나쁜 것만은 아니었을지 몰라' 하고 받아들일 수 있게 되었습니다.

그러나 한편으로는 방과 후에 여자 친구와 함께 집에 가거나 반 친구들과 햄버거도 먹고 노래방도 가는 이른바 '청춘다운 시간'을 보내면 좋았을 텐데, 하는 후회도 듭니다. 이제와 소용없는 이야기로 들릴지도 모르지만 청춘 애니메이션 같은 것을 보다 보면 '아, 난 평생 저런 경험을 못 하겠지…' 하는 생각에 마음이 조금 먹먹합니다.

● 대학에서 느낀 고독의 문제

대학교에 들어가서도 좀처럼 친구가 생기지 않았습니다. 입학 초기에는 여러 개의 동아리에 들기도 했고, 학과 사람들과 관계를 쌓아 보기도 했지만 거기에서 어떤 즐거움도 찾을 수가 없었습니다. 고등학교 때와 다름없이 '이들과 무리 지어 어울릴 필요가 있을까…' 하는 선민의식이 마음 한구석에 남아 있어, 얼마 안 가 동아리 활동이나 사람들과의 교류도 그만두었습니다.

대학에 다니면서는 친구가 없다는 사실 자체에 대한 괴로움이 줄었습니다. 대학에는 반이 딱히 없으니 고등학교 때처럼 학급 내 계급도 존재하지 않았습니다. 동기라고 해도 모두의 얼굴과 이름을 다 아는 것은 아니기 때문에 혼자 지내는 사람이 느끼는 특유의 고통, 그러니까 혼자 다니는 모습을 불쌍히 여기는 눈빛도 어느 정도 피할 수 있었죠.

그러나 다른 문제가 생겼습니다. 친구가 없으니 기출문제나 시험에 대한 정보를 입수하기가 어렵더군요. 좌우지간 공부하기에 효율적인 환경은 아니었기 때문에 모든 수업에 꼬박꼬박 출석하며 요약본을 확보하고 필기를 한 다음, 시험 보기 전에 통째로 암기하는 방법 등을 쓰곤 했습니다. 하지만 대학 공부는 그리 만만치 않았고, 학점을 따지 못하는 과목들이 생기자 재수강을 포함해 긴 시간을 공부에 할애해야만 했습니다. 공학이라는 전공도, 교수도, 짜증스러운 '오타쿠'들도 다 마음에 들지 않았는데 무리하게 공대 전기·전자공학과에 들어가는 바람에 매일매일 억지로 학교를 다녔습니다. 아침에 집을 나설 때 구역질을 할 정도였죠.

사회인이 되자 업무적으로만 연결된 드라이한 관계도 가

능해지고, 직장에서의 나 홀로 생활이 일반적이 되다 보니 학교 다닐 때와 같은 '콤플렉스적인 고독'은 거의 없어졌는데요. 이와 관련된 자세한 이야기는 본편에서 설명하도록 하겠습니다.

● 내 친구는 인터넷

현재 저는 IT 업계에서 일하며 유튜브를 중심으로 한 온라인 활동도 겸하고 있습니다. 어릴 때부터 아버지 방에 가면 컴퓨터를 쓸 수 있는 환경에서 자라다 보니 저도 모르는 새에 인터넷의 포로가 되어 있었습니다. 중학생이 됐을 무렵에는 닌텐도 게임기나 Wii의 인터넷 채널 등을 통해 원하는 대로 인터넷을 다룰 수 있게 되었죠. 유튜브를 포함한 다양한 사이트를 접하며 온라인 세상에서 자극과 힐링을 얻었습니다. 고독함 때문에 인터넷에만 몰두했다기보다, 개인적으로 그쪽에 흥미와 관심이 많았던 것 같지만 일상생활에서 받는 정신적 고통에서 벗어나기 위해 더욱 탐구에 심취했다는 식의 스토리를 붙일 수도 있겠습니다.

　유튜브와 만난 것은 2009년쯤이었습니다. 형이 컴퓨터로

재미있는 영상을 보고 있더군요. 당시의 유튜브는 아직 불법 동영상들이 난무하던 수수께끼 사이트였고, 지금처럼 활성화되기 전이었습니다. 중학교 3학년 때 '나도 인터넷을 통해 자기표현을 하고 싶다, 콘텐츠를 만들고 싶다'라는 생각에 비디오카메라로 영상을 촬영해 유튜브에 올리기 시작했습니다. 지금 생각해보면 그 동영상들은 흑역사일 뿐이지만, 중학생이던 당시에는 그야말로 진심을 다해 영상 제작에 임했습니다.

요즘도 '진짜 음 캐릭터라면 얼굴을 공개하고 온라인 활동을 할 리가 없잖아, 기분 나빠'라는 의견을 받곤 하는데, 이런 이런 열정은 음 캐릭터와는 별개의 벡터로, 단순히 무언가를 만들어 공유하는 일에 즐거움을 느끼는 것일 뿐입니다.

고등학생 시절에는 작곡에도 푹 빠졌었는데 오리지널 곡의 뮤직비디오를 만들어 올리거나 블로그에 일상 이야기를 업로드하며 다양한 형태의 정보 공유를 이어갔습니다. 현재 매우 큰 영향력이 있는 유명 유튜버들이 두각을 나타내기 시작한 것은 이즈음부터였죠. 당시 저는 하지메샤쵸, 와타나베 마호토, 도카이온에어, 기리자키 에이지 등의 채널을 자주 보면서 '이런 세상도 있구나' 하며 수동적으로 동영상을 즐기는 단순 소비자에 지나지 않았습니다.

하지만 거기에서 영향을 받아서인지 학교와 직장이라는

한정된 커뮤니티를 넘어 더욱 폭넓게 전 세계적으로 인정받고 싶다는 생각이 커졌고, 이 마음은 지금까지도 저에게 활력이 되어주고 있습니다. '자신을 사랑해야 한다', '자기표현을 해야겠다'라는 충동은 일종의 강박관념에 가깝기도 합니다.

대략적이지만, 이상이 지금까지 저와 함께해 온 고독의 개요였습니다. 학창 시절의 고독은 당시에는 무척 괴로웠지만 이제는 '영상의 소재로 쓸 수 있어서 좋다' 정도의 생각밖에 들지 않습니다. 그래서 과거 이야기를 쓰는 데 약간의 온도 차가 있을지도 모르겠습니다.

본편에서는 이러한 경험을 바탕으로 '고독한 사람은 어떻게 살아가야 하는가' 하는 물음에 대해 고찰해보려 합니다.

제 1 장

고독한
인간의 정체

여러분은 혼자 있는 것에 대해 어떻게 생각하시나요.

'나홀로족'을 가리키는 '오히토리사마おひとりさま'라는 말이 일본 사회에 등장한 지도 어언 20년 남짓. 몇 차례의 오히토리사마 붐을 거쳐 이제는 남녀 불문하고, 누구나 혼자 편하게 외식과 오락을 즐길 수 있는 사회로 변해가고 있습니다. 한편으로는 히키코모리나 고독사 문제도 사회 깊숙이 뿌리를 내리고 있죠.

이 장에서는 혼자 있기를 선호하는 인간의 요소를 분석 및 해설하고, 다음 장부터 그에 대한 해결법을 이야기해보려 합니다. 다소 난해한 부분도 있으니 잘 안 읽히는 내용은 적당히 넘기셔도 괜찮습니다.

'음 타입 인간'의 분류

앞서 언급했듯, 오늘날의 성인 사회에는 홀로 지내는 것에 대한 긍정적인 이미지가 조금씩 자리잡혀 가고 있습니다. 그러나 중고등학생들 사이에는 여전히 '혼자 = 음침한 기운'이라는 부정적 이미지가 뿌리 깊게 남아 있죠.

최근 음의 기운을 띤 사람을 나타내는 용어로 '음 캐릭터陰キャラ'라는 단어가 자주 사용되곤 합니다. 확실한 정의조차

없는 채 애매하게 사용되고 있는 실정이죠. 각자 다른 기준으로 이 말을 쓰기도 합니다. 저만해도 한쪽에서는 '진정한 음 캐릭터'라고 불리는 한편 '사이비 음 캐릭터'라며 야유를 받는 일도 있습니다. 단어의 정의가 애매한 채로 '음의 기운'인 사람을 설명해 본들, 전제의 인식에 괴리가 생겨버리죠.

그래서 '음'으로 구별되는 인간의 요소를 제 나름대로 정리해보았습니다. 심리학적 성격 특성 분류법인 '빅 파이브 이론'을 바탕으로 하되, 개인적인 독단과 편견을 덧붙인 내용입니다. 어디까지나 저의 가설일 뿐 뒷받침하는 과학적 실험 결과 등은 존재하지 않는 점, 양해 부탁드립니다.

빅 파이브 이론은 미국의 심리학자 루이스 골드버그가 정립한 학설입니다. 외향성, 친화성, 개방성, 성실성, 신경증이라는 다섯 가지 주요 요소로 모든 인간의 퍼스널리티를 설명하는 이론입니다. 과학적 신빙성이 높다고 알려져, 전 세계적으로 이 이론을 토대로 한 성격 분석과 심리테스트가 널리 쓰이고 있습니다. 연구자에 따라 그 요소에 다소 차이가 있고, 세분된 각각의 하위에는 별도의 요인도 관련되어 있지만 여기서는 다섯 가지의 요소를 간결하게 추려 '음 타입'의 사람들을 해설해보고자 합니다.

빅 파이브 이론		음 타입 인간의 요소
외향성	흥미와 관심이 외부로 향하는 경향	외향성X, 내향성O
친화성	균형을 지키며 협조적으로 행동하는 경향	사람을 싫어함, 뒤틀림
개방성	지적, 미적, 문화적으로 새로운 경험에 열려 있는 경향	'오타쿠' 성향
성실성	책임감 있고 근면하며 착실한 경향, '근면성'이라고도 함	
신경증	쉽게 좌절하고 감정적, 정서적으로 불안정한 경향	부정적 정서, 우울 경향, 사람을 싫어함

내향적이다 / 인간관계가 어렵다

음 타입 인간의 요소를 말할 때마다 '내향적'이라는 특성이 강조됩니다. 내향적 특성의 사람은 자신이 인간관계에 서툴다는 의식을 가지기 쉽죠. 내향적인 사람이 전체 중 어느 정도 비율을 차지하는가에 대해서는 다양한 설이 있으나 마티 올슨 레이니가 쓴 『내성적인 사람이 성공한다』에 의하면 전 세계 25%가량이 이에 해당된다고 합니다. 무리에 섞이기 어렵고 친구가 잘 안 생기는 사람, 혼자가 편한 사람, 친구는 많지만 함께 있을 때 피로를 느끼는 사람 등이 여기서 말하는 내향성에 해당되겠죠.

'내향적'과 '외향적'의 분류는 1900년대 초반부터 중반까지 활약한 스위스의 심리학자 칼 구스타프 융에 의해 제창되어 다음과 같이 정의되었습니다.

내향적 … 흥미가 주관적 심리 상황으로 향하는 타입
외향적 … 흥미의 초점이 외부에 존재하는 타입

내향적인 사람은 독서나 인터넷 서핑, 낚시 등을 하며 혼자 시간을 보내는 일에 관심이 많고 내적 성찰을 통해 만족감을 얻습니다. 한편, 외향적인 사람은 외부인 혹은 그들과의 관계에서 만족감을 얻는다고 하죠.

외향적인 사람은 다른 사람과 수다를 떨거나 파티를 하는 등 흥겨운 분위기를 선호합니다. 제 경험에 비추어 봐도 외향적인 사람들은 학창 시절 친구와 같이 화장실에 가고, 사회인이 되어서는 옆자리 동료와 담소를 나누며 일하는 등 누군가와 무리를 지어 생활하는 경향이 있습니다. 외향적인 사람은 처음 만난 사람과 대화를 나누는 일에 주저함이 없고, 많은 사람 앞에서 의견을 발표하거나 리더로서 팀을 이끄는 데 능숙하죠.

한편, 내향적인 사람은 자신의 정신 상태에 깊은 관심을 품고 외향적인 사람들이 즐기는 바깥세상과의 접촉에는 딱히 흥미가 없다고들 합니다. 바깥세상과 교류할수록 에너지가 소진되어 버리죠.

이 책에서는 사용을 지양하고 있습니다만, 최근 일본의 온라인에서는 내성적인 사람을 칭하는 '음 캐릭터陰キャラ', 외향적인 사람을 가리키는 '양 캐릭터陽キャラ', 파티 피플에서 따온 '파리피パリピ', 분위기를 잘 맞추고 성격이 밝다는 뜻의 '웨이웨이ウェイ' 등의 표현을 쓰는 경우도 많습니다.

'친화성'이 부족하다 / 사람을 싫어한다

'음 타입'의 인간은 친화성이 부족할 확률이 높습니다. 타인에 대한 관심도 딱히 없고, 공감 능력도 뛰어나지 않을 가능성이 크죠. '타인은 타인, 나는 나'라는 태도의 사람이 많을 것입니다. 이런 사상이 강해지면 '주변에 변변한 사람이 하나도 없어'라는 식의 사고를 하게 됩니다.

'이런 사람들과의 관계는 차라리 끊는 것이 낫다.'
'혼자만의 세상에 틀어박혀 살고 싶다.'

그러다 보면 여기까지 생각이 미칩니다. 단적으로 말해, 일종의 인간 혐오에 빠지는 것이죠. 친구를 사귀지 못했기 때문에 인간을 싫어한다고 자기합리화를 한 것인지 아니면 원래부터 인간을 싫어했기 때문에 친구를 사귀지 않은 것인지 알 수 없지만, 어느새 정신을 차려보니 저도 인간 혐오에 빠져있더군요. 이러한 인간 혐오를 불러일으키는 원동력은 어쩌면 자기애일지 모릅니다.

제가 학창 시절부터 친구가 없었던 이유도 '주변에 교우

관계를 유지하기 위해 시간을 할애할 만큼 가치 있는 인간이 없다'라는 이상한 선민의식을 품고 있었기 때문이라고, 앞서 말한 바 있습니다. '미래를 생각하자. 이런 사람들과 어울리고 있을 때가 아니다', '학창 시절의 친구 같은 건 어차피 졸업하고 나면 끝나는 관계다'라는 생각에 무리 지어 다니는 이들을 경멸 어린 시선으로 보게 되었고, 적극적으로 친구를 사귈 마음도 먹지 않았습니다.

언젠가 유튜브 콘텐츠를 위해 고등학교 동창과 만나 대화를 나눈 적이 있는데 그에게 전해 들은 이야기에 따르면, 그때의 친구들과 여전히 사이좋게 지내고 있으며 여럿이 함께 만나 놀기도 한다고 합니다. '어차피 졸업하고 나면 끝날 관계'라는 제멋대로의 착각은 덕분에 무참히 깨졌습니다.

● 사람들과 얽히면 타인도, 나도 싫어진다

음 타입의 인간은 누군가와 오랫동안 깊은 관계를 유지하다 보면 거의 모든 상대를 싫어하고 마는 곤란한 성향이 있습니다. 관계가 그리 깊지 않은 초기 단계에는 비교적 무난히 교류가 가능하지만, 깊게 얽히기 시작하면 상대의 단점, 싫은 점이 눈에 들어오기 시작합니다.

그 사람의 문제점을 인식하고는 있지만, 그러한 생각을 바탕으로 어떤 행동을 취하거나 의견을 표명하는 것이 사회적으로 환영받지 못한다는 사실을 알고 있기 때문에 상대를 배려한다는 명목하에 명확하게 표현하지 않습니다. 그 자리에서는 그저 자학적인 광대 연기를 이어가죠. 나중에 되돌아보면 그런 행동을 취한 자신에게도 심한 증오와 혐오를 느낍니다.

그럴 때마다 '싫어하는 사람이 이렇게 많다니, 내가 잘못된 거 아닐까?'라는 고민에 빠져 허우적거리게 된다면 한 번쯤 그 부정적인 감정을 인정해보시길 바랍니다. 사람을 싫어하는 마음을 '옳지 않은' 감정이라고 정해놓고 자기혐오에 허덕일 바에야 '그 사람 너무 싫어, 눈앞에서 사라지면 좋겠어'라고 솔직한 감정을 그냥 한번 받아들이는 편이 나을 수 있습니다. 우선 인정한 다음, '그딴 녀석 때문에 내 아까운 에너지를 소모하다니, 바보 같은 일이잖아'라고 그 감정과 거리를 두거나, 기분 좋게 지낼 수 있는 안락한 곳을 찾는 편이 더 생산적이지 않을까요?

● 뒤틀린 사고

나중에 다시 언급하겠지만 음 타입의 인간은 눈에 보이는 것 이상으로 정보를 읽어내는 능력과 풍부한 상상력을 지니고 있습니다. 무의식적으로 타인의 말 속 숨은 의도를 파악하려는 경향이 있기 때문에 의심스러운 시선으로 상대를 보기 쉽고, 그 과정을 반복한 결과 뒤틀린 청개구리가 되어버리는 것입니다. 상대가 어떤 호의를 베풀어도 마음 한구석에서 '부탁한 적 없는데…'라는 생각이 들어 순수하게 기뻐하지 못하고 만화나 영화, 드라마 같은 것을 봐도 마음에 안 드는 점만 눈에 띄어 진심으로 만족하는 경우가 드뭅니다. 운 좋게 누군가가 신경을 써줘도 '당신이 나에 대해 뭘 알겠어'라며 반갑게 받아들이지 못하죠.

음 타입 인간들이 뒤틀린 생각에 빠지기 쉬운 원인 중 하나는 성장 환경이라고 생각합니다. 자라는 동안 주변 사람에게 충분히 칭찬받고, 친구나 연인과의 긍정적인 교제 경험을 통해 승인 욕구가 충족된 이들은 기본적으로 뒤틀린 사고를 하지 않습니다. 하지만 그런 환경에서 자라지 못한 사람은 채우지 못한 승인 욕구가 발단이 되어 인터넷 세계에서 '이 댓글 쓴 사람을 논리로 제압해버리고 싶다'라는 식의 욕구에 휩싸이곤 하는 것입니다. 이것이 뒤틀린 사고의 본질적 이유라고 생각합니다.

단, 이런 사고방식에도 좋은 점은 있습니다. 주위 사람들과 다르다는 사실에 딱히 저항감이 없기 때문에 동조 압력에 떠밀려 무의식적으로 무리를 이루거나, 혼자 남겨질지 모른다는 불안 때문에 억지로 의견을 맞추는 등의 무리를 하지 않아도 딱히 괴롭지 않죠. 어떤 의미로는 크리티컬 싱킹critical thinking(105쪽)을 자연스럽게 실천할 수 있다고도 볼 수 있습니다. 이런 관점에서 보면, 뒤틀린 인간에게도 주체적인 사고방식과 가치관 확립에 유리한 면이 있다는 생각이 듭니다.

4

비⽦ 오픈 마인드(오타쿠 성향)

빅 파이브 이론에서의 '개방성'은 유연하게 다양한 가치관을 인정하는 특징을 뜻합니다. 이른바 오타쿠적 취미를 가진 음 타입 인간은 폐쇄적 성향이 강해 이 개방성이 낮다고 볼 수 있죠.

오타쿠 성향이 강하다는 것은 새로운 경험에 대한 관심도가 낮다고도 해석할 수 있습니다. 취미와 흥미의 범위가 좁아 주변인들과 가치관이 어긋나기 쉽기 때문에 친구를 만들기가 어려워지고 그 결과 '음'의 길을 걷게 되는 것 아닐까요.

● 마이너한 취향은 고독으로 이어진다

학급이라는 커뮤니티에는 동아리 활동이나 연애, 텔레비전, J-POP, K-POP 같은 일종의 주류 분야가 존재합니다. 다수의 사람이 흥미를 갖고 있는 주제를 따라가면 기본적인 교류가 이뤄지기 쉽습니다. 다만 그 대상이 불상, 도예, 스모처럼 다소 남다를 경우에는 친구들과의 교제가 급격히 어려워집니다.

학창 시절 제 관심의 대상은 음악, 애니메이션, 게임 등으로 분야 자체는 비교적 일반적이었습니다. 다만 60년대나 90년대의 해외 음악, 심야에 방영되는 애니메이션, 유튜브에서 알게 된 밴드 '신세이카맛테찬神聖かまってちゃん'처럼 다소 튀는 대상들만 좋아하는 경향이 있었기 때문에 주위에서 이슈가 되는, 최근 1년 이내에 발매된 인기작들과는 취미의 해상도 자체가 달랐습니다. 공통된 화제가 없다는 것은 결과적으로는 취미가 없는 것과 다를 바가 없었죠. '남들과 똑같이 행동하는 건 왠지 촌스러워', '이런 마이너한 세상을 알고 있는 내가 좀 멋진 것 같아'라는 생각도 어딘가에 있었습니다.

대화가 통할 것 같은 오타쿠 느낌의 사람들도 있기는 했는데 왠지 모르게 다들 어두워 보여서 다가가기 힘든 경우가 대부분이었습니다. 그래서인지 '난 저 사람들과 똑같은 취급을 받고 싶지 않아'라는 예의 선민의식이 또다시 발동했죠. 그 결과, 학교 내에서 포지션을 찾지 못하고 자연스레 무리에서 제외되어 '음'의 길을 걷게 되었습니다.

여담이지만, 유튜브 시청자로부터 '지인과 좋아하는 유튜브 채널 이야기를 하다가 당신의 채널을 언급하며 영상을 보여줬더니 분위기가 이상해졌다'라는 메시지를 받는 경우가 종종 있습니다. 많은 이들이 쉽게 받아들이기 어려운 이런 콘텐츠를 남들과 공유할 때는 신중하게 상대의 취향에 대해 검토하시는 편이 좋겠습니다.

● 오타쿠의 높은 성실성과 사회적 이미지

오타쿠 성향이 있는 사람은 자신이 좋아하는 것에 대해서는 노력을 아끼지 않습니다. 빅 파이브 이론에서 말하는 '성실성'이 높다고 여겨지는 이들로, 흥미가 있는 대상과 관련 분야에 관한 지적 호기심이 남들에 비해 매우 왕성하며 대부분 압도적인 지식량과 집중력이 있습니다. 이러한 기질로 인해 궁금한 것은 바로바로 확인하고 싶어 하기 때문에 인터넷 중독에 빠질 가능성이 있고, 게임 랭킹 상위를 차지하기 위해 몇 시간이고 게임에 몰두하는 경우도 많을지 모릅니다.

일반적으로 오타쿠적 취미는 사회적 생산성이 낮다고 여겨지며, 오타쿠 성향을 가진 이들을 '성적으로 매력이 없는 사람'으로 인식하는 분위기가 있습니다. 과거에는 '괴짜', '사회 부적응자'라는 꼬리표가 붙어 부정적인 이미지가 더욱 강했죠.

하지만 최근에는 그런 편견의 시선이 조금씩 사라지고 있는 것 같습니다. 오타쿠 남성이 온라인 익명 커뮤니티 2ch에 올렸던 연애 상담 스토리가 <전차남>이라는 영화, 그리고 동명의 드라마로 만들어진 일을 계기로 오타쿠 문화가 사회적으로 널리 알려지게 되었습니다. 몇 년 전, 기록적인 흥행에 성공한 영화 <너의 이름은.>은 오타쿠 문화라 불리던 애니메이션이 이미 일반적 콘텐츠로서 뿌리내렸음을 상징하는 하나의 예라고 생각합니다. 저는 앞서 서술한 오타쿠 성향이 업무를 수행하는 데 상당히 큰 강점이 될 수 있다고 생각합니다. 자세한 내용은 제5장에서 이어가겠습니다.

부정적 정서와 각종 질병

앞서 언급한 뒤틀린 사고에 평소 마음을 터놓고 상담을 할 만한 사람이 없다는 현실이 맞물리면, 음 타입의 인간은 쉽게 부정적 사고에 빠져버립니다. 기본적으로 성실한 성격 역시 부정적 사고의 원인이 될 수 있습니다. 주변 사람들이 놀기 바쁠 때 음 타입의 인간은 공부나 업무의 성과를 내기 위해 묵묵히 정진하곤 합니다. 그러다 목표에 도달하지 못하면 '주변이 즐길 때 나는 아무것도 못 했구나'라는 자기혐오에 빠지기 쉽죠. 비관적 사고가 정점에 이르면 극단적인 선택을 하는 사람도 있을지 모릅니다. 빅 파이브 이론의 '신경증'에 해당하는 부분입니다. 신경증적 성향이 강하면 분노, 불안, 슬픔 등 부정적인 감정을 품기 쉬우며 정서적으로도 안정을 찾기 어렵습니다.

- 극히 일부의 사람이 던진 배려 없는 말에 '인간들 다 똑같아. 하나같이 매정하고 남의 기분을 이해 못 해'라며 곡해합니다.
- 누가 자신을 걱정해줘도 '나처럼 성격 나쁜 애를 진심으로 걱정하는 사람이 있을 리 있어? 어차피 빈말일 거야'라며 부

정적인 해석을 합니다.

- 누군가에게 거절당하면 치명적으로 상처 입고 '나 같은 사람과 얽히고 싶지 않은 거겠지. 결국 난 평생 고독하고 외로운 인생을 살 수밖에 없어'라며 극단적으로 받아들입니다.

이 책을 읽는 독자 중에는 이런 감정 때문에 고민했던 분도 적지 않을 것 같은데요. 지금부터는 부정적 사고가 발단이 되는 질병들과 음 타입 인간이 갖기 쉬운 장애에 대해 소개하겠습니다.

● 우울한 멘탈

부정적 사고가 계속되고 스트레스가 쌓여 우울증을 겪는 분들이 꽤 많습니다. 일본 후생노동성의 홈페이지 자료에 의하면 일본인 100명 중 약 6명이 우울증을 경험한다고 합니다. 우울 상태에 빠지면 다음과 같은 증상이 나타나 일상생활에 악영향을 끼칩니다.

- 전에는 좋아했던 일인데 전혀 흥미가 생기지 않는다.
- 이유도 없이 격렬한 슬픔을 느낀다.
- 사고력과 집중력이 저하된다.
- 수면 장애를 겪는다(불면증 혹은 수면과다).
- 쉽게 피로를 느끼고 기분이 처진다.
- 식욕이 감퇴하거나 증가한다.

저도 대학 공부를 따라가지 못해 계속 학점에 펑크가 났고 그로 인해 부정적 사고에 빠졌습니다. 유급이 현실로 다가오자 '난 제대로 된 인간관계도 맺지 못했는데 진학과 취직에도 실패하겠구나. 앞으로도 이렇게 무리에 섞이지 못하고 괴로운 마음으로 살아가겠지' 하는 절망감을 느꼈죠. 대학교에 정신건강을 위한 상담실 같은 것이 있어 정신과 선생님과 대화를 한 적이 있습니다.

솔직히 말하면 그곳에 가는 것만으로 스스로를 낙오자라고 낙인찍는 듯한 기분이 들어 썩 내키지 않았습니다. 하지만 용기 내어 찾아갔고 저에게 우울 경향이 있다는 사실과 주위 학생들과 전혀 어울리지 않는다는 특징이 정상 범위에서 다소 벗어나 있다는 점(발달 장애의 가능성), 인지행동 치료법을 바탕으로 사고하는 방식(제3장 116쪽 소개) 등을 알게 되었습니다. 지금 생각해보면 좋은 기회였던 것 같아요.

● 발달 장애

지금껏 발달 장애는 주로 아동 성장과 관련된 주제로 여겨지
곤 했습니다. 하지만 최근 발달 장애라는 것을 밝히고 활동하
는 유튜버가 등장하고, SNS 등을 통해 그리 무겁지 않은 분
위기로 발달 장애를 고백하는 일반인이 늘어나기도 하며, 성
인 발달 장애를 접할 기회가 많아진 듯합니다.

발달 장애는 크게 다음의 세 종류로 나뉩니다.

- ASD (자폐 스펙트럼, 아스퍼거 증후군)
  커뮤니케이션이 필요한 상황에서 말과 시선, 표정, 몸짓 등으
  로 상호 소통하는 것이나 자신의 기분을 전하고 상대의 기분
  을 읽는 일에 서툽니다. 특정 대상에 과하게 관심을 갖거나 고
  집을 피우기도 합니다. 과민한 감각을 갖는 경우도 있습니다.

- ADHD (주의 결여, 다동증)
  발달 연령에 비해 침착함이 부족하거나 기다림을 잘 견디지

못하고(다동성, 충동성) 주의력이 오래 지속되지 않으며 작업 시 실수가 잦아지는(부주의) 등의 특성이 있습니다. 다동성, 충동성, 부주의가 모두 나타나는 경우도 있고, 한 가지만 나타나는 케이스도 있습니다.

- LD (학습 장애)
전반적인 지적 발달에는 문제가 없지만 읽고 쓰거나 계산하는 등 특정 분야의 학습에 한해 어려움을 겪는 상태를 말합니다.

저는 발달 장애 검사를 받기 위해 심료내과(心療內科 마음을 치료하는 내과. 일본 의료계의 진료 과목 중 하나로 내과와 정신건강의학과가 결합한 형태라고 할 수 있다 - 옮긴이 주)에 간 적이 있습니다. 문진표와 컴퓨터를 이용한 반응 테스트, 상담 등을 받은 결과 ADHD 증상은 확인되지 않았으나 ASD 경향이 있다는 진단을 받았습니다.

지각을 하거나 물건을 잃어버리고 약속을 어기는 등 덜렁

대는 면이 있다는 것을 자각하고 있었기 때문에 ADHD를 의심했었는데 ASD 진단이 나오자 마음이 조금 복잡해졌습니다. 2ch과 같은 온라인 사이트에서 ASD가 '아스페'라는 비하 섞인 별명으로 언급되는 것을 봐왔기 때문입니다. 그런데 내가 거기에 해당된다니, 왠지 납득하기 어려운 것이 솔직한 심정이었습니다.

ASD의 증상으로 알려진 특징들 중 타인의 기분을 잘 이해하지 못하고 대인관계에 서툴며 고집이 세다는 점 등은 제 성격과 일치하는 면이 있다고 생각했지만, 제가 받았던 검사는 그저 성격 진단 테스트 같은 항목들에 스스로 체크하는 것이 전부였습니다. 일상생활을 관찰하는 방식도 아니었으니 적당히 답변만 바꾸면 진단 결과를 조작할 수 있지 않을까 하는 인상과 함께, 무료로 할 수 있는 인터넷 테스트와 별반 다르지 않다는 생각도 들었습니다.

ADHD는 약물 치료 등을 통해 증상이 개선될 여지가 있지만, ASD는 진단을 받더라도 스스로 인지하여 고쳐나갈 수밖에 없다고 합니다. 결국 이 진단을 통해 얻은 것은 성격에 장애가 있다는 꼬리표뿐, 제 안에서 크게 달라진 것은 없었습니다. 병원에는 네 번 정도 갔었고, 약 2만 엔의 치료비를 지불했으나 치료제도, 장애 등급도 받지 못했습니다. 성격적 어려움을 병명으로 확인함으로써 안도감을 얻는 사람도 있을지 모르지만, 마치 심리테스트 같은 이런 식의 진단을 받는 것에 어떤 의미가 있는지 개인적으로는 잘 알 수 없었습니다.

● 섬세함과 과대망상

음 타입의 인간은 주변 사람의 감정에도 과잉으로 반응하기 쉽습니다. 있는 그대로의 상황을 관찰하기보다 포착되는 것 이상의 정보와 전체 그림을 파악하려 하기 때문에 머릿속에 입력된 정보를 바탕으로 꼬리를 무는 생각을 멈출 수 없게 되고, 그 결과 특정 포인트에 집중하게 되는 것 아닐까요? 그렇기 때문에 '먼저 집에 가면 사람들이 내 험담을 할까 봐 회식 자리에서 일어나지 못하겠다'라는 식으로 주변 사람의 마음을 멋대로 추측해 불안을 느끼거나, 비현실적이고 실용적이지 못한 발상까지 하게 되는 것이죠.

　　최근 일본에서는 과민한 사람이라는 뜻의 조어 '기니시이気にしい' 혹은 'HSP'라는 표현을 쓰기도 하는데요, HSP는 Highly Sensitive Person의 약자로 '감수성이 매우 풍부하

고 섬세한 기질을 가진 이'를 칭합니다. 어디까지나 기질일 뿐 질병이나 정신질환이 아니기 때문에 얼마든지 HSP를 자칭할 수 있습니다. 인터넷에서 다양한 진단 테스트가 가능하니 궁금한 분들은 스스로 확인해보세요.

저 역시 사람들과 관계를 하면서 '그때 이렇게 답했어야 하는데', '더 재미있게 말할 수 있었는데'라고 쓸데없는 후회를 하며 제풀에 지쳐 피로감을 느끼는 일이 많습니다. 업무 메일에 답장을 쓰면서 문장의 내용과 답장 타이밍을 지나치게 고민하느라 하루 종일 메일만 붙들고 있기도 하죠. 제 유튜브 영상을 보는 분들 중에도 비슷한 성향을 가진 이들이 많은 듯합니다. 제 말과 행동에서 제가 의도치 않은 의미를 찾아내어 부정적인 반응을 하는 경우가 종종 있습니다.

다만, 민감성이라는 부분에 집중해 살펴보면 꼭 나쁜 점만 있는 것은 아닙니다. 하나의 정보에서도 많은 것을 연상하고, 틀에 갇히지 않는 창의적 사고를 할 수 있다는 장점이 있으니까요. 눈에 띄는 활약을 보이는 유명인이나 아티스트 중에 자신이 HSP임을 공표하는 사람도 많습니다. 저도 평소에 별생각 없이 눈에 담았던 풍경이나 뉴스를 통해 엉뚱한 기획을 떠올리는 경우가 있는데, 이런 식으로 과대망상적 감수성을 업무에 활용하는 케이스도 있다고 생각합니다.

● 기타 증상

제가 인터넷 등을 통해 알아본 내
용에 따르면 음 타입의 인간 중에
는 평소 일상에서 느끼는 불안 때
문인지, 자율 신경 실조증이나 과민성 대장 증후군을 겪는 사
람이 많은 것 같더군요. 자율신경실조증은 스트레스 등이 원
인으로, 자율신경인 교감신경과 부교감신경의 균형이 무너져
생기는 다양한 증상의 총칭입니다. 자율신경이 흐트러지면
쉽게 잠들지 못하고 초조해하며 의욕을 잃거나 기분이 저하
되고, 아침에 일어나기가 힘들고 나른함을 느끼는 등 우울증
과 비슷한 증상을 겪게 됩니다. 과민성 대장 증후군은 정신적
인 스트레스나 자율 신경 실조 등에 의해 장이 과하게 반응하
여 배변 활동에 이상이 생기는 질병입니다. 저 역시 학창 시
절 지각하면 안 되는 수업이 있는 날에는 전철 안에서 늘 배
가 아파 고생했습니다. 어떤 증상이든, 음 타입의 인간이 안고
있는 스트레스는 다양한 정신 질환으로 이어지기 쉬운 경향
이 있는 듯합니다.

고독한 인간을 이해하기 위한 잡학

● '커뮤니케이션 장애'는 정말 장애일까?

일본에서 취업 준비를 할 때 보는 시험 중, 능력과 성격을 파악하는 SPI라는 적성검사가 있습니다. 저도 몇 군데 기업의 채용 시험에 응시하는 과정에서 그 검사를 받았습니다. 아마 제 검사 결과에는 '타인의 기분을 이해하는 능력이 결여되어 있다', '사회성이 부족하다' 등의 내용이 적혀 있었을 것 같은데요. 이런 면은 구직 활동을 하는 데 있어 감점 요인이 될 가능성이 높습니다. 사회에 존재하는 대부분의 직업은 서비스직이며, 원활한 커뮤니케이션 능력을 필요로 하니까요.

하지만 최근 일본에서 자주 언급되는 '커뮤니케이션 장애 コミュ障'라는 병명은 사실 존재하지 않습니다. 지적 장애나 언어 장애의 경우 테스트를 통해 진단을 받으면 인체 기능의 부전을 객관적으로 인정받지만, 커뮤니케이션에 관해서는 어디까지가 개성이고 어디부터가 장애인지 구별하는 지표가 없습니다. '커뮤니케이션 능력'이라는 단어로 뭉뚱그려 사용되지

만, 자세히 들여다보면 '사교성'과 '정보 전달 능력'이라는 두 가지 의미가 혼용되고 있다는 것을 알 수 있습니다.

쉬는 시간에는 시끄럽게 떠들면서 수업 시간에 선생님이 말을 걸면 대답을 잘 못하는 학급 친구를 본 적 없나요? 이런 사람은 사교성은 있지만 정보 전달에 능숙하지 않은 타입이라고 봐야겠죠. 음 타입의 경우 사교성은 다소 떨어질지언정, 정보 전달 능력에는 문제가 없는 사람이 적지 않은 것 같습니다.

● **본능적인 양, 이성적인 음**

최근 한 연구에서 외향적 성격의 사람과 내향적 성격의 사람은 태생적으로 뇌 기능 발달 및 정보 전달 루트의 특징이 다르다는 사실이 밝혀졌다고 합니다. 뇌에는 '대뇌신피질'와 '대뇌변연계'라는 두 가지 영역이 있습니다. '대뇌신피질'은 대뇌의 바깥쪽에 있는 피질 형태의 조직으로 이성을 관장한다고 알려져 있습니다. 한편 대뇌변연계는 대뇌의 안쪽에 있는 고피질 및 구피질로, 감정을 관장하는 부분입니다. 이 대뇌신피질과 대뇌변연계의 기능 차이는 외향적, 내향적 성향과 깊이 관련되어 있습니다.

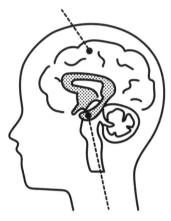

대뇌신피질(언어 처리 기관, 전두엽)

대뇌변연계(편도체, 해마)

대뇌신피질 … 뇌의 바깥쪽에 있으며 이론적 사고와 언어 기능을 관장한다. 언어를 처리하는 '언어 처리 기관', 사고와 자발성, 이성 등에 관여하는 '전두엽' 등이 있다. 인간이 다른 척추동물들에 비해 유독 발달한 부분으로 '새로운 뇌'라고 불린다.

대뇌변연계 … 뇌 중심부에 있으며 감정과 욕망 등 살아가는 데 필요한 본능적 행동을 관장한다. 희로애락 및 직감과 관련된 '편도체', 단기기억을 담당하는 '해마' 등이 포함된다. '오래된 뇌'라고 불리며 다른 척추동물의 뇌에도 존재하는 부분이다.

외향적 인간은 외부로부터의 정보가 (감정을 담당하는) 대뇌변연계의 '편도체'에 빠르게 닿기 쉽다고 합니다. 외부에서 주어지는 정보를 감정으로 파악하여 솔직히 행동하는 것이 특기라 할 수 있죠. 그러다 보니 결단력과 행동력이 있는 인상, 리스크를 두려워하지 않고 움직이며 적극적으로 도전하는 이미지를 지니는 경우가 많습니다. 한편, 내향적인 사람은 외부로부터의 자극이나 정보가 (감정을 관장하는) 대뇌변연계에 닿기 전에 (이성을 관장하는) 대뇌신피질을 경유하는 경향이 강하다고 알려져 있습니다.

외향형의 전달 회로

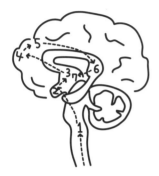

내향형의 전달 회로

1. **망상체부활계** ··· 자극 유입
2. **시상하부** ··· 자율신경계의 교감신경 및
   부교감신경의 호르몬 분비 기능 조절
3. **시상전부** ··· 중계 스테이션
4. **편도체** ··· 감정 중추
5. **측두엽과 운동 처리 기관** ··· 움직임이
   단기기억으로 이어짐. 감각과 감정의
   자극을 학습하고 처리하는 중추

1. **망상체부활계** ··· 자극 유입
2. **시상하부** ··· 자율신경계의 교감신경 및
   부교감신경 호르몬 분비 기능 조절
3. **시상전부** ··· 중계 스테이션
4. **브로카 영역** ··· 언어 처리 기관. 마음속
   으로 혼잣말할 경우 활성화
5. **전두엽** ··· 사고, 계획, 학습, 이론화 등이
   행해짐
6. **해마** ··· 환경에 대한 적응력을 키우고
   장기 기억을 중계함
7. **편도체** ··· 감정 중추

심리학자 마사타카 노부오의 연구 결과 중 다음과 같은 내용이 있습니다. 교우 관계에 어려움을 겪고 있지만 지능 지수나 성적에는 전혀 문제가 없는 아동의 뇌를 검사해보니 (감정을 관장하는) 대뇌변연계의 움직임이 적다는 사실이 밝혀졌다고요. 굳이 말하자면 '커뮤니케이션 장애'도 커뮤니케이션 능력에 장애가 있다기보다 뇌 기능 부전의 경향이 있다고 표현하는 것이 맞을지 모르겠습니다.

이런 내용은 내향적인 사람이 외부로부터 정보를 얻었을 때, 감정적 반응보다 이론적 사고로 이어지기 쉽다는 것을 시사합니다. '이 사람이 그렇게 말한 의도는 무엇일까?', '여기에서 나는 뭐라고 답하면 좋을까?' 이런 식으로 말을 고르고 생각에 빠지는 것은 내향적인 사람들이 자연스럽게 대화하지 못하는 원인일지도 모릅니다. 생각에 몰두하느라 '상대방과 눈을 마주치지 못한다', '신속한 반응이 어렵다', '다른 사람이 한 농담에 잘 웃지 못한다' 등의 사례가 생기는 것도 마찬가지 이유입니다. 복잡한 회로를 거쳐 사고하다 보면 그렇게 될 수 있죠.

지금까지의 내용을 다른 말로 정리하면 다음과 같습니다.

- 외향적인 사람은 본능적이고 동물적인 부분이 강하게 작용한다.
- 내향적인 사람은 이성적인 부분이 강하게 작용한다.

내향적인 사람은 잡담처럼 즉각적인 감정 표현이 요구되는 커뮤니케이션에는 서툴지 몰라도 진득하게 이성적으로 사고하는 분야에는 잘 맞을 가능성이 있다는 뜻입니다. 차분하게 이성적으로 사고하는 장점을 살릴 수 있다는 이야기는 제3장의 '① 관찰과 파악의 필요성'(103쪽)에서 이어가겠습니다.

● 자극에 대한 내성이 부족한 내향적 인간

미국 발달심리학의 선구자 중 한 명인 제롬 케이건은 '내향적인 사람은 고반응성이고, 외향적인 사람은 저반응성이다'라고 말한 바 있습니다. 외향적인지 내향적인지를 구별 짓는 기준이 외적 '자극량에 대한 허용치의 차이'에 있다는 것입니다 (여기에 타인과의 커뮤니케이션에 능통한가, 서툰가에 대한 뉘앙스는 담겨 있지 않습니다).

외향적인 사람은 자극에 대한 허용치가 높아 작은 자극에는 반응을 잘 하지 않는 경향이 있습니다. 그 결과 더한 자극을 찾아 액티브한 활동을 반복합니다. 앞서 언급한 수다를 즐기며 화장실에 같이 다니는 이들도 이와 같은 맥락으로 볼 수 있는데 혼자 있는 것보다 집단에 속해 있는 편이 자극이 더 많으니 일상적으로 그런 상황을 선호하는 것일 테죠.

반대로 내향적인 사람은 외향적인 사람에 비해 외부로부터의 자극에 대한 허용치가 낮아 사소한 자극에도 민감하게 반응하고 맙니다. 한 예로 '특별한 의미 없이 주고받는 세상 사는 이야기'에 참여하기가 어렵다는 분들이 있는데요. 저도 문득문득 '목적 없는 대화는 하고 싶지 않아', '이런 대화에 무슨 의미가 있나' 같은 생각들을 합니다. 자극에 대한 허용치가 낮기 때문에 외향적인 사람들은 신경 쓰지 않는 세세한 부분에까지 신경을 쏟는 사고방식이라고 볼 수 있죠.

애초에 대화 그 자체에 목적을 두는, 명확한 의미를 찾을 수 없는 커뮤니케이션에 익숙지 않은 분들도 많으리라 생각됩니다. 내향적인 사람은 자신과의 대화와 성찰을 통해 에너지를 확대하기 때문에 세상 돌아가는 이야기나 화장실에 같이 가는 일 등 일반적으로는 사소하다고 여겨지는 자극에도 쉽게 지쳐버립니다.

이상한 고집 모음집

웹 분야에 빠삭한 '커뮤니케이션 장애' 캐릭터인 줄 알았더니 은근히
사람을 좋아한다고? 비밀스러움으로 가득한 저자의 생태에 대해 알아보자.

일인칭으로 '오레俺'를 쓰지 않는다.

'보쿠僕'라는 말을 쓰면 왠지 약한 남자의 인상이 풍기는 것 같다. 그렇다고
'오레'를 쓰자니 너무 거친 남자의 느낌이 든다. 아마 일본의 남성들이라면
사춘기 시절 무렵 한 번쯤 일인칭에 대해 고민했을 것이다. 그러다 21세기
에 접어들며 새롭게 등장한 일인칭이 바로 '보레'이다. '보쿠', '와타시', '와
이', '보레' 등 다양한 표현을 쓰는데, 확실한 일인칭을 결정하지 못하는 것
은 스스로에 대한 자의식이 모호하기 때문일지 모른다. 60대에도 스스로
를 '보쿠'라고 불러도 될지 적절한 일인칭에 대한 고민은 하고 있다.

대부분 지각을 한다.

30분 일찍 준비를 마쳐도 남은 30분 동안 여유를 부리고 만다. 집에서 나
온 후에 두고 온 물건들이 떠오르는 등의 이유로 지각하는 일이 많다. '미리
움직이면 된다'는 말을 잘 이해하지 못하겠다.

회사에서 도보로 이동 가능한 거리에 산다.

출근에 시간을 낭비하고 싶지 않으니까.
일을 너무 좋아하니까.

업무 관련 대화를 할 때는 '!', 'm(__)m' 등을 많이 쓴다.

문장에서도 음 캐릭터의 분위기가 강하게 느껴지면 비호감이 될 수 있으니까.

엘리베이터에서 층수를 누르기 전에 닫기 버튼을 누른다.

내가 탄 후에 엘리베이터가 해야 할 동작은 문을 닫는 것이다. 층수를 눌러봤자 곧바로 반응할 수 없다. 층수 버튼을 먼저 누른 다음 닫기 버튼을 누르면 그사이가 아깝게 느껴진다.

빨래한 옷을 개지 않는다.

개야 하는 이유를 모르겠다.

면도를 하지 않는다.

수염이 자라지 않으니까.

항상 같은 옷차림이다.

고민하는 시간이 아까우니까. 스티브 잡스의 기분을 맛볼 수 있다. 헤어스타일도 안 바꾸고, 같은 메뉴의 음식만 계속 먹는다.

첫 만남에서 최대한 많은 사람과 인사를 나누려고 한다.

인사는 미룰수록 어려워지기 때문이다. 얼굴만 아는 사람과 인사를 나누는 것만큼 어색한 일이 없다. 예의를 지키기 위해서가 아니라, 어차피 나중에 친하게 지낼 수 있을 거라는 비전이 보이지 않으니까. 학창 시절부터 이렇게 하면 좋았을걸. 지금은 처음 만날 때 인사를 제대로 하도록 신경 쓴다.

목욕 타월이 존재하는 이유를 모르겠다.

일반 수건으로 충분히 몸을 닦을 수 있는데 말이다.

**규동 체인점은 마쓰야,
편의점은 훼미리마트.**

셀프 계산이 가능하니까.

비 오는 날에는 샌들을 신고 나간다.

양말이 젖지 않는다.

물기만 닦아내면 된다.

밖에서는 이어폰으로 음악을 듣지 않는다.

이어폰으로 음악을 들으면 말 걸기 어려운 이미지가
생겨 좋지 않은 인상을 줄 수 있으니까.

제 2 장

마인드셋 –
괴로운 삶에
어떻게 맞설 것인가

혼자 있다 보면 이런저런 고민과 초조함에 부딪히게 됩니다. 이대로 혼자 지내도 괜찮을지 미래에 대한 불안함이 밀려오죠. 무리 지어 지내는 사람들에 비해 손해를 보고 있는 건 아닐까, 염려도 되고요. 이 장에서는 고독에 대처하는 마음가짐에 대해 소개해보려 합니다(약간의 '정신론'적 관점이 들어갈지도 모르겠습니다). 고독한 생활을 예찬할 생각은 없습니다만, 이 장을 통해 현실을 마주하는 방식에 변화가 생겨 조금이나마 긍정적으로 살아갈 힌트를 얻는 분이 계신다면 참 좋겠습니다.

1

고독은 최고의 근력 운동

제가 이 책을 통해 가장 강조하고 싶은 이야기는 '고독은 최고의 근력 운동'이라는 것입니다. 예전에는 특정 무리 안에서만 공유되던 정보들도 인터넷이 발달한 현대 사회에는 온라인과 SNS를 통해 어느 정도 접할 수 있습니다. 그러다 보니 특별한 상황을 제외하면 '나 혼자만 세상에서 동떨어져 있는 것 아닐까' 하는 생각은 기우로 끝날 때가 많죠. 고독으로부터도 얻을 것이 있다는 점을 인식하고 삶의 방향을 설정해 갑시다.

● 스스로 해내야 한다

친구가 많지 않고 무리에 섞이지 못하는 사람은 어떤 일이든 '스스로 처리해야 해', '기댈 사람은 아무도 없어'라는 생각에 빠지기 쉽습니다. 집단에 속해 있으면 학창 시절에 노트를 빌려 숙제를 베끼거나 시험 전에 모르는 걸 친구에게 물어보기도 하고, 사회인이 되어서는 업무에 어려움이 있을 때 주변 사람들에게 조언을 듣거나 도움을 받아 조금 더 편한 생활을 할 수 있을지 모릅니다. 하지만 고독한 사람은 누구의 도움도 빌릴 수 없습니다. 숙제든 대학 과제든 회사 업무든 자신에게 맡겨진 모든 일을 온전히 혼자 힘으로 해내야 하죠.

학창 시절에는 동급생들끼리 서로 리포트를 공유하며 효율적으로 좋은 성적을 받는 과정을 곁눈질하며 스스로 정보를 모으고 개인적인 의견을 더해 주간 리포트를 썼습니다. 아무래도 공부 시간이 길어지기 일쑤라 남들에 비해 효율은 높지 않았죠. 그러나 도태되지 않도록 혼자 끝까지 물고 늘어졌고, 그 결과 실력과 자기효능감이 높아졌다는 걸 느낄 수 있었습니다. 혼자 죽어라 애를 쓰든, 다른 사람과 힘을 합치든 성적에는 대단한 차이가 없습니다. 굳이 따지자면 혼자 하는 편이 효율이 낮아 좋은 결과를 얻기 어려우니 스스로 해내는 것이 손해처럼 느껴질 수도 있죠.

하지만 당장의 성적이 조금 부진하더라도, 그 과정에서 몸에 익힌 실력과 기초 체력은 시간이 흘러도 고스란히 내 안에 남아 있습니다. 명확하게 어떤 스킬이 좋아졌다고는 느끼지 못하더라도 하루하루 어려움을 극복해 나가는 사이에 자신도 모르게 실행력이 향상되죠.

어떻게 보면 직장에 다니면서 동영상 기획, 촬영, 편집을 병행하는, 제 평소의 작업 방식도 일반적으로는 혼자 소화하기 힘든 것일 수 있습니다. 하지만 이 또한 학창 시절 리포트를 혼자서 작성하던 것과 비슷한 감각이라 그 경험의 연장선상에서 활동을 이어가고 있습니다.

물론 매니저나 경영자처럼 높은 자리에 오르면 사람들에게 기꺼이 도움받고, 타인에게 능숙하게 의지할 줄 아는 능력도 중요해지겠죠. 다만 현실적으로 생각해봤을 때, 인생을 사는 동안 '플레이어로서의 자신'에게 더욱 안심하고 기댈 수 있는 쪽은 무슨 일이든 혼자 해내며 살아온 사람 아닐까요. 다른 사람에게 의지하지 않고도 자신의 삶을 선택할 수 있으니까요.

● 모든 것의 바탕이 되는 기초 체력

항상 누군가와 함께 지내는 사람보다 어릴 때부터 혼자 지내온 사람이 기초 체력과 자제력을 키우기 쉽다고 생각합니다. 이 '기초 체력'이야말로 전문 지식이나 논리적 사고처럼 언어화할 수 있는 '스킬'보다 우선해야 할 중요한 요소 아닐까요. 기초 체력만 있다면 스킬은 나중에 얼마든지 익힐 수 있습니다.

앞으로의 내용에서 다양한 사고방식이나 테크닉 등을 언급하겠지만, 무엇보다 가장 중요한 것은 '기초 체력'이라고 강조해 두고 싶습니다. 그래서 저는 혼자 보내는 시간이야말로 인생에서 얻을 수 있는 최고의 경험이라고 생각합니다. 고독하면 자신과 더 깊게 마주할 수 있습니다. 주위에 항상 사람이 있으면 그들에게 좌지우지되거나 방해를 받아 자신의 올곧은 축을 세우기 어렵습니다.

'비록 고독할지라도 인생은 어떻게든 살아진다'라는 이야기를 하려는 것은 아닙니다. 개중에는 '어떻게든 살아지지가 않아'라며 끝내 지쳐버린 사람도 있을 수 있으니까요. 제가 우연히 어떻게든 살아졌기 때문에 이런 말을 할 수 있는 것일 지도 모릅니다.

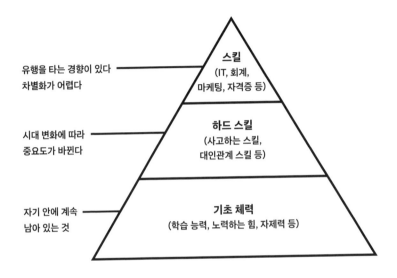

유행을 타는 경향이 있다
차별화가 어렵다

스킬
(IT, 회계,
마케팅, 자격증 등)

시대 변화에 따라
중요도가 바뀐다

하드 스킬
(사고하는 스킬,
대인관계 스킬 등)

자기 안에 계속
남아 있는 것

기초 체력
(학습 능력, 노력하는 힘, 자제력 등)

혼자 있는 자유를 얻는 대신 책임도 모두 스스로 져야 합니다. 스스로 리스크를 감당하며 주어진 과제를 해결하려 애쓸 때 비로소 진심으로 문제에 맞설 수 있습니다.

시험 점수나 친구의 수 같은 좁은 범위의 승패에 영향을 받아 좌절할 수도 있지만, 종합적으로 이기면 됩니다. 좁은 범위의 실패를 거듭하며 꾸준히 씨를 뿌리는 것이 결국 커다란 성공으로 이어진다고 생각합니다.

　자신이 사람들과 무리 짓는 것을 좋아하지 않는다는 사실을 깨닫고 자기 기준에 맞춰 행동을 컨트롤할 수 있게 되는 과정은 일종의 성장입니다. 힘들기는 하지만 나다운 방식으로 스스로를 갈고 닦을 수 있다는 것이 고독의 장점이죠. '주변에 동조하는 것이 정답'이라는 생각이 어딘가에 남아 있기 때문에 사람들과의 관계가 잘 풀리지 않으면 좌절하거나 은둔 생활을 하고, 미래에 대한 불안에 휩싸여 극단적인 선택까지 하고 마는 것입니다.

● 자신과 맞서며 결과를 내는 스포츠 선수

집단으로 활동하는 이미지가 강한 스포츠 선수들도 실은 모두 고독과 맞서고 있습니다. 스포츠 선수는 남에게 의지하는 방법으로는 자신의 퍼포먼스를 향상시킬 수 없고, 눈속임도 할 수 없는 직업이기 때문입니다.

　전 프로야구 선수 스즈키 이치로는 정규 연습 후 동료들이 식사를 하는 동안에도 혼자 연습장에 남아 몇 시간 동안 배팅 연습과 웨이트 트레이닝을 완수하는 루틴을 지켰다고 합니다. 그는 은퇴 기자 회견에서 이런 말을 남겼습니다.

"책을 읽거나 정보를 얻는 것은 가능할지 몰라도 직접 경험하지 않으면 자기 안에서는 아무것도 만들어지지 않습니다. 고독함 때문에 괴로워한 시간도 많지만, 지금은 그 체험이 미래의 저를 위한 듬직한 버팀목이었다고 생각합니다. 괴롭거나, 힘든 일로부터 도망가고 싶은 것은 당연하지만 에너지가 있고 건강할 때 거기에 맞서나가는 것이 인간에게는 무척 중요한 일이라고 생각합니다."

남의 말이나 글로 얻을 수 있는 형식적인 지식보다 직접 다양한 시행착오를 겪으며 알게 되는 체험적인 '지知'가 더 크다고들 하죠. 괜스레 멀리 돌아가는 것만 같아 언뜻 쓸데없어 보이는 일도 꾸준히 계속하면 자신의 재산이 되어 돌아올 테니 충분히 의미 있지 않을까요?

부정적 에너지의 강점

스트레스를 어떻게 처리하느냐에 따라 삶도 달라집니다. 스트레스와 무턱대고 싸우지 않고 그 존재를 긍정적으로 받아들이는 사고방식을 지니면 부정적 영향을 23% 감소시킬 수 있다는 논문 결과도 있습니다.

부정적 감정이 만들어내는 에너지는 강력합니다.

2008년, 일본에서는 사회에 불만을 품은 자가 행인을 무차별적으로 살상한 일명 '아키하바라 묻지마 살인 사건'이 일어났습니다. 범인은 인터넷 사이트 2ch에 범행 예고와 함께 '못생겨서 외롭다'라는 등 울분이 담긴 글을 남긴 적이 있다고 알려졌습니다. 부정적인 에너지는 이렇게 엄청난 행동을 야기할 수 있을 만큼 커다란 파괴력이 있습니다. 하지만 이를 오롯이 나쁜 방향으로 쏟아내는 것은 매우 유감스러운 일입니다.

마음처럼 일이 풀리지 않는다고 해서 남을 탓하거나 익명으로 누군가를 상처 주는 사람들도 있겠죠. 하지만 비겁한 일에 쓰일 시간과 에너지를 자신의 성장에 쏟으면 얼마나 대단한 사람이 될까요?

이런 관점에서 보면 현재 처한 환경에 큰 차이가 없다고 전제할 경우, 부유했던 사람보다 가난했던 사람이, 일류대학을 졸업한 사람보다 삼류대학을 나온 사람이, 친구가 많았던 사람보다 고독했던 사람이 오히려 더 유리할 수 있습니다. 왜냐하면 남들에게는 없는 '두고 봐, 이대로 지진 않을 테니까!'라는 에너지를 품고 있으니까요. 고독한 사람이 끌어안고 있는 콤플렉스나 불만을 좋은 방향으로 전환할 수만 있다면 언젠가 큰 성과를 낼 수 있을 것입니다.

과학적으로도 적당한 정도의 스트레스를 느끼는 사람이 전혀 스트레스가 없는 사람에 비해 좋은 성과를 낼 수 있다는 연구 결과가 있습니다(여키스 도슨의 법칙 / 아래 그림 참조).

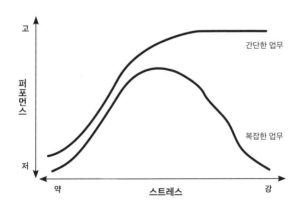

이와 비슷한 맥락으로 '나가타 농법'이라고 불리는 농업 방식이 있습니다. 최소한의 물과 비료만을 이용해 채소를 재배함으로써 본래의 맛과 영양을 끌어내는 농법이죠. 이 방식으로 기른 토마토의 뿌리는 그렇지 않은 토마토에 비해 극히 적은 물을 필요로 하도록 발달하며 달고 맛있는 열매를 맺는다고 합니다.

마찬가지로, 인간이 어려운 환경 속에서 자라는 것도 얼마든지 좋은 결실을 맺는 방향으로 플러스 전환될 수 있는 요소라고 생각합니다. 스트레스에 짓눌려 '나는 음 캐릭터니까'라는 말을 면죄부 삼아 타인을 공격하고 마이너스 에너지를 여기저기 흘리는 것은 아주 쉽고 간편한 일입니다. 하지만 냉정하게 생각해보면 그 후에 남는 것은 아무것도 없다는 것을 알게 됩니다. 그런 인간이 되어서는 안 되겠죠.

3

우울의 원인은 대부분 타인과의 비교

고독한 일상생활 속에서 왠지 모르게 마음이 복잡해지는 순간에 찾아오는 좌절감은 무의식적으로 자신과 남을 비교하는 것에 기인하는 경우가 많습니다. 교내 와이파이를 이용해 인터넷 서핑에만 몰두하다 단 한마디도 하지 않고 집에 돌아가는 나. 주위를 둘러보면 그런 나와 달리 신나게 대화를 나누는 학생들로 가득합니다. 그럴 때면 능숙하게 어울리지 못하는 자신과 즐거워 보이는 타인의 대비를 강하게 느끼죠.

매년 UN에서 발표하는 '세계 행복지수 랭킹'이라는 조사가 있습니다. 남아시아에 있는 부탄은 개발도상국이면서도 2013년에 북유럽 국가들의 뒤를 이어 세계 8위를 차지하며 '세계에서 가장 행복한 나라'라는 수식어를 얻었습니다. 하지만 부탄은 2019년 156개국 중 95위에 그친 이래 더 이상 순위권에 등장하지 않게 되었습니다.

많은 이들이 '국가가 발전하며 타국에 대한 정보를 접하게 된 것'이 부탄의 행복지수가 낮아진 원인이라고 말합니다. 과거 다른 나라의 소식을 듣기 어려웠던 시절에는 '당신은 행복합니까?'라는 질문을 들으면 부끄러움 없이 '예스'라고 답하던 부탄 사람이 많았는데 말이죠. 이런 조사 결과는 행복하게 느껴지던 환경에서도 타인과 비교하기 시작하면 행복도가 떨어진다는 점을 시사합니다.

유튜브의 콘텐츠 기획으로 고등학교 시절 동창을 만나러 간 적이 있습니다. 그 시절 '다른 친구들은 다 커플 아닐까?', '나만 홀로 남겨져 있는 것 아닐까' 같은 불안을 느꼈다고 털어놓자 그 동창이 "혼자 멋대로 슬픈 사람이 되어 있었네"라고 한마디 툭 내뱉더군요. 그들은 현실에 충실했을 뿐 나를 슬프게 하려는 의도 따위는 전혀 없었고 애초에 안중에조차 없었는데, 제멋대로 남과 자신을 비교하며 우울해하고 있었다는 것을 깨달았습니다.

다른 사람과 자신을 비교하는 일이 과연 행복을 위해 필요할까요? 행복의 기준이나 가치관을 다른 사람과 비교하기 시작하면 괜한 일을 벌이거나 무리를 해서 원하는 결과를 얻지 못할 수 있습니다. 자신의 속도를 지키며 묵묵히 앞으로 나아가는 방법만이 목표로 하는 성과에 도달하는 길입니다.

● 타인과의 경쟁을 의식해야만 하는가

우리는 학창 시절에는 학력과 운동 능력을 겨루고, 어른이 된 후에는 취직과 연봉, 출세 등으로 경쟁해야 하는 사회에서 살아가고 있습니다. 그런 경쟁에서 이기고 있을 때는 즐겁죠. 승리하면 자신의 가치가 상승하는 기분이 들고 행복감이 올라가니까요. 스스로를 가치 있는 인간으로 여기며, 보다 많은 노력을 쏟고, 그 결과 자신을 더욱 사랑할 수 있게 됩니다.

반대로 잘 풀리지 않을 때는 경쟁을 의식해봤자 우울한 기분만 들뿐, 좋은 성과를 보여주기 어려워집니다. 그러니 경쟁은 즐길 수 있을 때, 일이 잘 풀릴 때만 의식하면 됩니다.

저도 유튜브 채널의 구독자나 조회수가 좀처럼 늘지 않던 시절, 잘나가는 크리에이터들을 보면 초조해지곤 했습니다. 어설프게 경쟁을 의식한 탓에 '다들 영상을 너무 재미있게 잘 만들어', '내가 따라잡을 수 있을까' 같은 불안감에 시달렸죠. 하지만 어느 시기부터인가 이런 비교가 의미 없다고 느껴졌고, 주변 사람들에게 휘둘리지 않고 자신이 원하는 일에만 집중했더니 저만의 속도로 채널을 키워나갈 수 있었습니다.

시간이 조금 흐른 뒤, 예전에 봤던 경쟁 채널들을 살펴보니 업로드를 멈춘 이들도 많더군요. 아마 그 사람들도 일시적인 대책에만 급급하다 경쟁에 지쳐갔을지 모릅니다. 잘될 때만 경쟁을 의식했더니 그들의 콘텐츠에서 응용할 부분은 없는지, 냉정하게 관찰할 수 있었습니다.

● 실력 차를 깨달았을 때의 절망감

'주위 사람들에 비해 커뮤니케이션 능력이 현저하게 떨어져.'
'시험 점수가 평균에도 훨씬 못 미치잖아. 난 정말 변변치 못하구나.'

우리는 타인과 자신의 실력 차를 깨달을 때 가장 쉽게 절망합니다. 차이를 느끼는 것은 한순간이지만, 그 절망의 틈을 메우려면 시간을 두고 발전을 거듭하는 수밖에 없기 때문입니다. 마치 눈앞에 커다란 절벽이 가로막고 있는 듯한 기분이 듭니다.

어느 정도 에너지가 있을 때는 그 상황을 제대로 파악해 어떤 방향으로 가야 할지, 무엇을 피해야 할지 정상적으로 판단하여 곤란을 극복할 수 있습니다. 하지만 고민에 힘들어하는 사이 사고력을 잃으면 문제를 더 크게 받아들이고 말죠.

높은 산에 오르고자 할 때 정상을 바라보면 '과연 저런 데까지 갈 수 있을까' 하는 생각에 의기소침해지곤 합니다. 하지만 발밑을 보며 한 걸음 한 걸음 나아가다 보면 어느새 정상에 이릅니다.

비슷한 맥락으로 '민머리 패러독스'라는 것이 있습니다. '민머리에 머리카락 한 올을 더해봤자 민머리라는 사실은 바뀌지 않고, 다시 한 올을 더해도 마찬가지다. 그러니 아무리 머리칼을 더해도 민머리는 민머리다'라고 결론짓는 식의 논법입니다. 이는 우리가 사고력을 잃었을 때의 사고 체계와 비슷합니다. 실제로 머리카락 한 올의 힘은 미약할지라도 꾸준히 머리카락을 심으면 어느 시점부터는 폭신폭신한 머리숱을 가질 수 있습니다. 발전과 성장이 한 올의 머리카락처럼 미미하여, 따라잡을 수 없을 만큼 차이가 벌어지면 절망감이 들기도 하겠죠. 그러나 묵묵히 계속해 나가면 민머리와 폭신폭신한 머리 사이의 차이가 확실히 좁혀질 수 있다는 것을 냉정하게 인식합시다.

● 타인의 심리적 배경에 대해 생각해본다

타인이 충실한 일상을 보내고 있는 것을 보고 기분이 가라앉는 경험을 해본 적이 있을 것입니다. 그런 상황에 맞닥뜨렸을 때 그 배경에 대해 고심해보면 심적 타격을 완화할 수 있습니다.

> 예시 ①
> 성인의 날 파티에 가고 싶지 않아. 동네 중고등학교 출신의 '인싸' 동창들이 활개를 치고 있으니 어차피 내가 있을 곳은 없을 거야.

이 경우 왜 인싸 동창들이 성인의 날 파티에서 떠들썩하게 구는지 생각해봅시다. 어쩌면 그들 인생에서 가장 즐거웠던 전성기의 기억이 중고등학교 시절이기 때문일지도 모르죠. 중고등학교 때 절정에 이르렀던 그들의 커뮤니티는 19살, 졸업과 동시에 힘을 잃어가기 시작합니다. 그런 와중에 맞이하는 성인의 날 파티는 그들에게 주어진 피날레 무대이자 덧없는 의식 같은 것이 아닐까 추측해 봅니다.

소위 '잘나가는' 여자 동급생이 SNS에 명품 가방을 자랑하는 듯한 게시물을 올렸다.

왜 그 친구가 명품 가방을 뽐내며 들고 다닐지 생각해봅시다. 어쩌면 그 사람 스스로가 본인의 매력이 그 가방보다 크지 않다는 사실을 무의식적으로 인정하고 있어서일지도 모릅니다. 그 사람은 가방으로 인해 가치가 높아지는 존재이고, 그렇다면 그 인생의 주인공은 가방인 것입니다.

예시 ③

주위를 둘러보면 '오직 지금뿐인 청춘을 즐기자!'라는 이야기를 신나게 떠드는 이들이 있습니다.

왜 '오직 지금뿐인 청춘을 즐기자!'라는 말이 생겨났는지 생각해봅시다. 그것은 세상이 만들어낸 이상적 청년의 이미지가 '다 같이 모여 즐겁게 무언가를 하는 느낌'을 세뇌시키고 있기 때문입니다. 즐거움이란 자연스럽게 느껴야 하는 것인데 '즐기자!'라고 마음먹는 자체가 어딘가 무리하고 있다는 뜻입니다. '즐거워서 그 즐거운 일을 하는 것'이 아니라 '즐거

운 일을 하기 때문에 즐거워진다'라는 말일까요. 모든 것이
이상합니다.

공격적인 타인에 맞서는 법

앞서 대부분의 우울은 타인과의 비교에서 비롯된다고 했지만, 개중에는 의도적으로 공격해오는 사람들도 있습니다. 방법과 원인이 뭐가 됐든, 누구나 공격을 받으면 우울함과 분노를 느낄 것이라 생각합니다. 저 역시 남에게 불쾌한 이야기를 들은 날에는 무거운 마음으로 하루를 보내게 되더군요. 그런 경우 타인의 말이 '부당한 비판'인지 '정당한 지적'인지 구별하고, 자신의 기분을 저하시키는 요소를 찾을 수 있도록 건설적으로 타인의 심리나 공격 패턴을 파악해봅시다.

● **공격적인 타인의 심리**

타인의 말과 행동으로 불쾌한 기분이 들 때는 우선 상대가 그런 말과 행동을 한 배경을 파악해봅시다.

　제1장 ③ '친화성'이 부족하다 / 사람을 싫어한다(34쪽)에서도 소개했듯 평소 사람들에게 인정을 받아 자신의 욕구가 충족되면 비판적 행동을 할 동기가 생기지 않습니다. 뭔가

일이 잘 풀리지 않아 초조하거나 욕구불만이 있을 때 그런 말과 행동을 하는 경우가 대부분이죠. 심리학에도 '공격적 행동의 배경에는 항상 좌절감이 전제된다'라고 하는 '좌절 공격 가설'이라는 개념이 있습니다.

악의를 지니고 공격해오는 사람은 상대의 기분을 살핀 후 의도적으로 치명적인 상처를 줄 수 있는 말을 고릅니다. 우위를 점해 상대를 제압하고 덤벼들려 하는 사람은 학력, 연봉, 인기, 체형 등 무의식적으로 반응하기 쉬운 약점을 노리겠죠. 이렇게 내뱉어진 '상처 주는 말'에는 공격하는 자의 콤플렉스가 묻어나기 마련입니다.

예시:

- 온라인에서 커트라인이 낮은 대학 사람들을 무시하는 발언을 한다. → 힘들게 유명 대학에 들어가긴 했지만 학교생활이 뜻대로 안 풀리는 사람일지도 모른다.
- 인기 없는 남성을 바보 취급하며 공격 태세를 취한다. → 남학교에 다녔던 학창 시절 공부밖에 몰랐던 사람이 모처럼 여성과의 관계를 맺고 우월감에 취해 있는 것일지 모른다.

왠지 불쾌한 이야기를 들었을 때는 이렇듯 상대방의 가치관이나 행동 원리를 냉정하게 추측하는 방법으로 심적 타격을 완화할 수 있습니다.

● 타인은 어떻게 우리를 짜증나게 하는가 / 궤변과 오류

뭔가 납득할 수 없는 이야기를 들었는데 어찌나 그럴듯하게 구슬리는지 반론도 제대로 못 해 답답했던 경험 없나요? 이런 찝찝한 공격에는 궤변과 오류 등 논리적 파탄이 포함되어 있는 경우가 많습니다.

그런 공격 중, 특히 많이 사용된다고 생각하는 패턴을 소개합니다. 저도 학창 시절 선생님과 교수님들의 이런 논법에 휘말린 적이 있었는데, 당시에 이 패턴을 제대로 인식하고 있었다면 좋았을 텐데 하는 아쉬움이 듭니다.

비방

단순한 모욕, 지위에 대한 욕설

'이거 바보 아냐?'

'얼굴 생긴 꼴 좀 봐.'

'겨우 ○○대학 나온 주제에 뭐라는 거야.'

이런 부류의 비방에는 스스로 나서 상대방의 악의를 자극하거나 자신의 마음을 어지럽힐 필요가 없습니다. 스트레스와 불만을 품고 남에게 화풀이나 하는 상대방의 인생을 불쌍히 여기고 불쾌감을 떨쳐냅시다.

성급한 일반화

특정한 예시를 동반한 주장과 반론

'흡연자는 폐암에 걸릴 확률이 높다.' → '우리 할아버지는 담배를 그렇게 피우셨는데도 90세까지 폐암 한 번 안 걸리고 장수하셨다. 그러니까 그 이야기는 다 거짓이다.'

'예전에 자네 같은 주장을 한 학생이 있었는데 그 사람은 취직도 못 하고 은둔형외톨이가 됐어. 자네도 이러다간 가족들에게 폐나 끼치며 살지 않겠어?'

이런 공격을 받을 때는 대화의 초점이 '일반적 경향'인지 '개인적 케이스'인지 인식을 조정해봅시다.

더미 논증

논점 바꿔치기의 일종. 상대의 주장을 다른 의도로 해석하여 이상한 관점의 소유자로 만들어 버린다.

'오늘도 일해야 하는데 몸이 무겁네'라는 발언에 '모든 사람이 일을 그만두면 세상이 어떻게 돌아가겠어. 너도 다른 사람들 도움을 받고 있을 거 아냐. 그런데도 일이 하기 싫다고?'라며 억지스러운 공격을 한다면?

이런 경우에는 담담히 상대의 논점이 어긋났음을 인식하면 됩니다. 초조해할 필요 없습니다.

유도 심문

악의적인 전제를 담아 질문한다.

"당신은 아내를 때리지 않은 적이 있나요?"

질문자는 이미 상대방에게 듣고 싶은 답, 도달하고 싶은 결과를 준비해 놓고 있습니다. 원하는 답이 나올 때까지 비슷한 질문을 몇 번이고 던지겠죠. 연예인의 개인사 관련 기자회견에서 미디어가 던지는 질문들과 비슷합니다. 대응해봤자 시간 낭비입니다.

특정인 공격

여러 사람이 언급하는 이슈로 특정 사람을 공격한다.

"경험자가 하는 말이면 몰라. 하지만 넌 아무 경험도 없잖아!"

운 나쁘게 공격적인 사람에게 걸렸을 뿐이니 액땜이라고 생각하고 신경 쓰지 맙시다.

* 참고 : 꼬리표 붙이기

온라인에서는 상대를 환자라고 단정 짓고 사람들을 선동하는 글도 쉽게 볼 수 있습니다.

톤 폴리싱

발언의 내용이 아닌 말투나 논조를 비난함으로써 발언의 타당성을 훼손한다.

"말투가 그게 뭐야!"

논리에서 질 것 같을 때 이런 식으로 말하는 경향이 있습니다.

'그러는 너는 어떤데!' 주의

냉전 시대에 이용되던 소련의 선전 수법. 정곡에 찔리면 '그러는 너야말로 ○○아닌가?'라며 화제와 논점을 돌린다.

"그러는 너도 인기 없잖아!"

이 또한 본인이 초조해서 하는 말입니다. 내가 더 우위에 있음을 인지하고 있으면 화조차 나지 않을 것입니다.

● 공격에 대한 대처

타인에게 공격을 받았는데 그것이 부당한 비판이었다면 적극적으로 반론해야 할까요, 아니면 도망이 최선일까요. 양쪽 다 플러스로 작용할 것 같지는 않은데요. 개인적으로는 상대에게 동조할 것을 추천합니다.

말은 '동조'지만, 큰 틀 전체를 받아들이라는 것이 아니라 발언을 잘게 분해한 후 다시 합쳐 조정하는 작업을 하자는 뜻입니다. 이 사람은 나를 궁지에 몰아넣으려고 이런 말을 하는 걸까, 아니면 건전한 지적을 하는 걸까 판단한 후 그 요소를 곱씹어보고, 필요할 때에는 참고하자는 것이죠.

이는 자신의 내부적 지침에 따라 비판을 고찰하는 일입니다. 설령 자신이 틀렸더라도 자기 안의 지침이 있다면 그 잘못을 허용할 수 있습니다. 잘못을 바로잡아 더 나은 것으로 만들면 되니까요.

예시:

'공학부 졸업했다더니 Mac 사용법도 몰라요?'

'미안합니다. 지금은 서툴지만 공부해서 쓸 수 있도록 할게요.'

언뜻 전공과 무슨 상관인가 싶은 이야기지만, 직장에서 Mac을 써야 한다면 사용법을 모르는 쪽에 문제가 있는 것이죠. 그러니 공부를 하면 됩니다.

타인이 나를 어떻게 생각하는지가 자신의 지침이 되어 버리면 모든 실수가 치명타가 되고, 잘못할 때마다 일일이 동요하게 됩니다. 그렇게 되지 않기 위해서라도 자신의 지침을 확고히 하는 것이 중요합니다.

속이 후련해지는 발언 모음집

유튜브나 트위터를 통해 전한 코스메틱 다나카의 발언을 담당 편집자가 엄선! 다나카에게 그 진의를 묻고, 직접 해설을 듣는다.

졸업 앨범에 나보다 더 얼굴 안 나오는 사람 있어?

일종의 패러디인데 원래 트윗의 내용은 '나보다 부엌 좁은 사람 있어?'였습니다. 누가 더 부엌이 좁냐고 대결하는 것이 재미있더라고요. 그래서 저도 나보다 졸업 앨범에 얼굴이 안 나오는 사람 있냐고 대결을 신청했었는데 막상 찾아보니 의외로 여기저기 찍혀 있더군요.

외톨이라는 사실은 괴롭지 않다.
외톨이라 안 됐다는 주변의 시선이 괴롭지.

애초에 집단에 속해있지를 않으니 엄밀히 말하면 외톨이라는 표현 자체가 맞지 않다고 생각합니다만, 혼자 있는 것보다 무리들 틈바귀에서 혼자 지내는 저를 보고 '저 사람, 외톨이인가 봐'라며 불쌍히 여기는 사람들의 시선이 괴롭습니다. 사회인이 되면 다들 개인적으로 생활하다 보니 나이를 먹을수록 주위에 이런 생각을 하는 사람도 적어지지만 십 대 때는 진심으로 불쌍히 여기는 것 같더라고요.

스타 역할과 장난감 역할, 둘 중 하나를 선택해야 한다면 온라인 세상의 장난감을 목표로 하겠다.

개인적으로는 '내가 뭐가 되고 싶은지'보다 '시청하는 사람들이 어떻게 생각하는지'를 더 신경 씁니다. 제가 '스타가 되고 싶어'라는 분위기를 풍기면 과연 여러분이 좋아하실까요? 지금처럼 오랫동안 활동할 수 있다면 전 그걸로 만족합니다.

양도 음도 아닌 '무 캐릭터'로 존재한다.

유튜브 활동을 하다 보면 음 캐릭터 특유의 기분 나쁜 용모와 말투, 취향이 자연스레 조금씩 교정되므로 '무 캐릭터'에 가까워지는 기분이 듭니다. 학생에게는 학교가 전부일지 모르지만, 나이를 먹으면 있을 곳이 다양해지기 때문에 음 캐릭터의 사람들 대부분이 무 캐릭터에 가까워지지 않을까 싶어요. 그렇다고 양 캐릭터가 되는 일은 아주 드물겠지만요.

소소하게 노력하면서 "이런, 내가 앞질러버렸네" 하는 것은 음 캐릭터의 삶에 자극이 된다.

행복을 추구하며 사는 사람도 있겠지만 음 캐릭터에게는 이기고 지는 것이 기준이 되기도 합니다. 학창 시절 동안 쭉 지면서 살았으니 어딘가에서 한번은 이겨야 하잖아요. 소소한 노력을 할 마음조차 없는 사람이 도중에 떨어져 나가면 그럴 때 비로소 우월감을 느끼는 것이죠. 양 캐릭터이면서 소소한 노력까지 꾸준히 하는 사람은 어차피 제 경쟁 상대가 아닙니다.

학창 시절 밑바닥 생활을 했던 사람은
어떤 일을 해도 학창 시절보다 낫다.

여고생들이 곧잘 '지금이 인생에서 가장 귀한 3년이다' 같은 이야기를 하잖아요. 저는 그말 뜻이 잘 이해가 안 되더라고요. 지금이 인생에서 가장 화려한 시기고 앞으로는 누가 더 빨리 시들어가느냐의 싸움이라는 식의 말을 진심으로 하는 사람들이 있던데, 제가 겪어본 바로는 그렇지 않았어요. 밑바닥이 있으니까 밑바닥이 아닌 곳도 존재하는 것입니다. 지금 아무리 바쁘고 힘들어도 고등학교 시절을 떠올리면 힘을 낼 수가 있습니다.

영상을 하나 올리고 나면 곧바로 또 찍어 올려야
하는 생활이 반복되다 보니 마치 쳇바퀴 굴리는
햄스터가 된 기분입니다.

대형 프로젝트를 진행하는 것도 아니고 바로바로 소비되는 콘텐츠만 만드는데도, 한 편이 마무리되면 '끝났다!'라는 후련함을 느낄 새도 없이 '다음 편은 또 어떻게 만들지…' 하는 고민에 빠집니다. 일 자체는 어느 정도 적성에 맞고 편집 작업은 특히 즐겁지만, 좀처럼 일이 손에 안 잡히는 날들도 있습니다. 그래서 항상 버겁게 일하는 중입니다.

직접 대화할 때는 전해지지 않던 마음이 영상을 통해서 전해지는 일도 있으니, 이것도 괜찮은 커뮤니케이션 방법 아닌가 싶어요.

자신의 기분을 입 밖에 내는 것이 부끄럽기 때문에 제가 먼저 말을 거는 '아웃바운드' 스타일의 커뮤니케이션보다 수동적 커뮤니케이션을 더 선호합니다. 그래서 게시판이나 유튜브를 좋아하죠. 하지만 제 영상을 알림 설정까지 해놓고 본격적으로 챙겨서 보는 것은 솔직히 조금 부담스럽습니다. '어느샌가 새 영상이 올라와 있었네' 정도의 감각으로 시청해주시면 기쁠 것 같아요.

'마쓰야'는 저를 따뜻하게 감싸 안아주는 듯한… 그런 존재입니다. 엄마 얼굴보다 마쓰야의 규동이 더 익숙해요.

마쓰야는 제가 처음으로 혼자 외식을 한 곳이라 마치 오리가 처음 본 존재를 부모로 인식하는 것과 비슷한 감각으로 자주 드나들고 있습니다. 셀프로 계산을 할 수 있다는 점과 된장국이 공짜라는 점이 특히 마음에 들어서 한 달에 스무 번 정도는 가는 것 같아요. 하루에 두 번씩 가기도 하고요. '엄마 얼굴보다~'라는 말은 농담이지만, 부모님을 자주 만나지는 않으니 딱히 거짓말도 아닙니다.

"직장 그만두지 마세요" 같은 메시지를 보내는 사람은 모두 '에어플레이어(실제로 겪어보지도 않은 일을 경험한 척하는 사람을 칭하는 일본식 표현—옮긴이 주)'라 생각하려고 합니다.

인터넷에서 활동하는 여성이 남자친구의 존재를 밝히면 분노하는 팬들 있잖아요. 시청자 중에서도 이런 식으로 '일방통행적' 요구사항을 강요하는 사람들이 있습니다. '아무튼 다나카 씨는 계속 괴로워했으면 좋겠어요'라는 식의 요구요. 어떤 면에서 저를 애완동물 보듯 하는 걸까요? 그래서 변하지 않기를 바라는 건지도 모르겠어요. 온라인 콘텐츠를 통해 소통하는 사람들이 자주 겪는 일이죠.

예전에 대화했던 여성들이 다 기억나요.

초중고 시절 여자 친구들과 이야기를 나눈 기억은 겨우 손에 꼽을 정도고, 대학 시절에는 전혀 대화한 경험이 없기 때문에 영상에서 이런 말을 할 때만 해도 진심으로 다 기억한다고 생각했어요. 소심한 남자들은 너무 긴장해서 여자 친구들과 말을 잘 못 하거든요. 어른이 되고 난 후에 여성들과 대화할 기회가 늘다 보니 이제는 더 이상 의식하지 않는다고 할까, 아무 느낌도 들지 않게 되었어요. 이건 이것대로 문제려나요?

고등학교 시절의 제가 마치 인생의 오점처럼
느껴졌었는데 그 시절의 동창들과 대화한 후 조금
덧칠이 됐다고 해야 하나? 제가 멋대로 편견을 가지고
멋대로 풀 죽어 있었다는 사실을 알게 됐어요.

제 경우 유튜브라는 발판이 있었기 때문에 가능한 경험이기는 했지만, 흑
역사가 평생 지워지지 않는 것은 아닐지도 모른다는 생각이 들더군요. 저
와 비슷한 경험을 한 분들이 계신다면 그분들에게도 '학창 시절의 모두가
적이라는 편견에 빠져 있었고, 멋대로 풀 죽어 있을 뿐이었다'라는 걸 깨닫
는 계기가 생겼으면 좋겠네요.

제 3 장

관찰 —
현실을
바르게 파악한다

친구가 없다. 애인이 안 생긴다. 구직활동을 하고 있는데 좀처럼 취직이 되지 않는다….

음 타입의 사람들은 이런 상황에 처했을 때 상담할 사람도 마땅치 않아 자기 안에서 고민을 증폭시키기 쉽습니다.

이 장에서는 그런 분들을 위해 고독에 대처하는 해결법을 추상적으로 제안해보려 합니다. 자기 자신과 주변을 관찰해 현실을 정확하게 파악하면 타인과의 접점이 적어 생기는 불안을 어느 정도 완화할 수 있을 것입니다.

관찰과 파악의 필요성

정신없이 급변하는 환경 속에서 적절한 행동을 취할 수 있도록 하는 'OODA 루프'라는 행동 프레임워크(어떤 일에 대한 판단이나 결정 따위를 위한 틀-옮긴이 주)가 있습니다. 원래는 미국 공군에서 제창된 개념인데 현재는 정치 및 비즈니스 현장에 폭넓게 적용되고 있는 범용성 높은 행동 절차입니다.

OODA 루프에서는 먼저 관찰을 통해 정보를 얻고, 현재 상황을 적절히 판단합니다. 적절한 관찰이 불가능하면 차후의 방향 설정 및 의사 결정에 문제가 생길 수 있기 때문입니다. 일상생활에서도 현실 파악에 오류가 생기면 조준 방향을 엉뚱하게 잡게 됩니다. 그 결과 상처를 받기도 하고, 당황스러운 일을 겪기도 하죠.

자신이 놓인 현실을 올바로 파악하기 위해서는 척도의 범위를 넓게 설정해 세상을 입체적으로 보는 것이 좋습니다. 예컨대 지금 맞닥뜨리고 있는 괴로움을 '시간'이라는 척도를 기준 삼아 장기적으로 바라보거나 '조직 및 집단'이라는 큰 틀의 척도로 파악해보자는 것이죠.

OODA 루프의 4단계

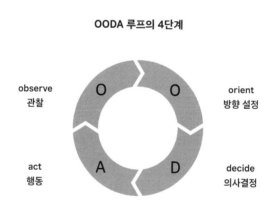

observe
관찰

orient
방향 설정

act
행동

decide
의사결정

〉이 단계를 일상적으로 반복하며 상황에 대응한다.

모든 것을 혼자 감당해야 하는 학교생활은 당시에는 괴로울 수 있습니다. 하지만 장기적인 시각으로 보면 그 시절 또한 자기 성장의 장으로 여기고 의미를 찾아낼 수 있지 않을까요?

직장에서 "○○ 작업을 전혀 못 하잖아"라고 주의를 받으면 기가 죽을 수도 있겠죠. 그럴 때는 '과연 지금 지적받은 작업이 조직 밖에서도 통용되는 보편적 기술인가?'에 대해 냉정하게 판단해봅시다. 의외로 '대단한 기술도 아닌데, 왜 이런 일로 혼나고 있지?' 하는 생각이 들지도 모릅니다.

자신의 미래, 커뮤니티 정보, 심리, 사회적 연결 등 다양한 고민에 부딪히겠지만 어떤 것에 접근을 시도하든 현실을 정확하게 파악하는 일부터 시작해야 합니다.

● 뒤틀린 사고라는 무기 '크리티컬 싱킹critical thinking'

크리티컬 싱킹이라는 말은 추상적으로 사용되거나 뉘앙스로만 쓰이기 쉬우나 '선입견을 배제하고 증거를 모아 가설을 신중하게 고려하고 평가하여 결론에 도달하려는, 논리적이고 합리적인 과정'이라는 뜻입니다.

'비판적 사고'라고 번역되지만, 상대를 부정하거나 트집

잡는 데 쓰는 말은 아닙니다. 이것은 상황과 사물에 의구심을 품고 사고하는 패턴을 말합니다. 대학 교수 등 과학적 훈련을 잘 받아온 직업군의 사람들은 비판적 사고에 비교적 능합니다. 사고 과정에서 논점의 허술함을 찾아내거나 논리의 모순을 지적하는 데 익숙하기 때문에 이런 사고가 습관화된 사람은 '성격이 안 좋다', '건방지다'라는 오해를 받을 가능성이 있죠.

'의심하는 것은 좋지 않다', '믿음이 중요하다'라고 생각할지도 모르지만, 어떤 의미로 믿는다는 것은 올바른 시각으로 상황과 사물을 인지할 가능성을 방치해 두는 '사고의 정지 상태'일 수 있습니다. 반면, 의심하는 것은 생각을 멈추지 않고 끊임없이 사고하며 보다 본질에 가까워지려 노력하는 행위죠.

고독한 사람은 평소에도 주위에 휩쓸리지 않고 다른 각도에서 사물을 의심하는 것이 일상이며, 이를 바탕으로 상대를 파악하는 관점을 바로잡는 사고에 능숙하다고 생각합니다. 편향된 생각에서 벗어나 다각적으로 현실을 보는 방식은 모든 일에 응용 가능합니다.

● 유튜버 '고무돗토'에 대한 오해

'고무돗토コムドット'라는 일본의 인기 유튜버가 있습니다. 다섯 명의 멤버 야마토, 유타, 유마, 휴가, 아무기리로 이뤄진 5인조 유튜버 팀으로 '고향의 놀이를 전국으로!', '방과 후의 연장'을 슬로건으로 내걸고 활동하고 있습니다. 2021년에는 채널 구독자 수가 300만 명을 돌파했고, 폭발적으로 인지도가 높아져 리더인 야마토 씨가 집필한 책 『성역』은 현재 40만 부의 판매고를 올린 베스트셀러가 되었습니다.

유명세로 인해 딱히 관심이 없던 사람들까지 존재를 알게 되어서인지, 표면적인 이미지만으로 그들을 비판하는 경우도 종종 목격하는데요. 이럴 때마다 온라인에서 쉽게 볼 수 있는 비판 행동의 스타일이 있습니다. '아무 생각 없이 사는 인싸가 어쩌다 운이 좋아 잘나가는 꼴이 아니꼬웠는데 마침 잘됐다. 다들 욕하니까 나도 이참에 욕해야지'라는 패턴이죠. 이러한 행동은 매우 단편적이고 성급한 동시에, 본질을 전혀 들여다보지 않는 태도라고 생각합니다.

대다수의 유명 유튜버가 기획사에 소속되어 있는 것과 달리, 고무돗토는 본인들이 직접 회사를 운영하며 매일 약 1시간 분량의 동영상을 업로드하고 있습니다. 거기에 영상의 구성 및 흐름과 BGM, 자막 등도 모두 자체적으로 꼼꼼하게 제작하고 있죠. SNS도 각 플랫폼마다 캐릭터를 구분해 사용하며 마케팅 효과를 위해 일부러 '밈'이 될 만한 말과 행동을 연출, 확산시키는 방법도 쓰는 듯 보입니다. 같은 업계에서 활동하는 사람으로서 그들의 놀라운 활동량과 탁월한 프로듀싱 능력에도 순수하게 감탄하고 있습니다.

이렇듯 성공한 사람들의 행동으로부터 요즘 세상이 뭘 원하고 있는지, 어떤 전략이 필요한지 등 배울 수 있는 부분을 발견하려는 솔직한 노력도 크리티컬 싱킹의 일종이라고 생각합니다.

성공의 뒤에는 일정한 활동량이 존재합니다(제3장 '④ 확률적 사고와 기준치' 126쪽 참조). '운이 좋아서 잠깐 유명해졌을 뿐인 아마추어'라며 무시하고 불평하기는 쉬울지 몰라도, 내가 그 사람의 입장이 되어 어떻게 하면 잘할 수 있는지 대안을 내놓기는 어려운 법입니다. 적어도 행동하여 결과를 내는 사람이 욕만 하는 사람보다는 더 존경스럽다고 생각합니다.

조금 다른 이야기지만, 일본에서 '슈퍼에서 춤추는 대학생들'이라는 동영상이 널리 퍼져 화제가 된 적이 있었죠. 비뚫어진 마음으로 그들을 비난하기는 쉽습니다. 하지만 저는 반대의 시각에서 판단하는 기질이 있어 그런지 즐거워 보이는 그들의 모습이 솔직히 부럽더라고요.

● 학력보다 나은 의심의 힘

살짝 이야기가 빗나갔지만, 앞서 말했듯 주위에 휩쓸리지 않고 모든 것을 의심하며 입체적인 시선으로 본질을 파악하는 것을 크리티컬 싱킹이라고 합니다.

학교 시험에서는 오류가 없는 문제를 준비해 '정확한 질문에 대한 정확한 답'을 도출하는 훈련을 시킵니다. 하지만 현실 세계에서는 풀어야 할 문제가 명확히 주어지지 않습니다. 문제 설정부터 스스로 해야 하기 때문에 문제 자체에 오류가 생길 수 있고, 결론에 도달하더라도 정해진 모범 답안이 없으므로 항상 제로베이스에서 의심해야 합니다.

'커뮤니케이션 능력이 부족한 내가 어떻게 하면 취업을 할 수 있을까?'라는 질문을 준비했다고 합시다. 그때 ○○자격증을 따면 취업 준비를 하지 않아도 안정적으로 돈을 벌 수 있다는 정보를 얻게 되면 관련 교육을 받아야겠다는 결론을 내릴 수도 있겠죠. 다만, 애초에 높은 커뮤니케이션 능력이 필수라는 인식이 잘못되었을지도 모릅니다. 다른 사람들에게 동조하며 두루두루 어울리지 않아도 살아갈 수 있을지도 모르고요. ○○자격증만 있으면 안정적인 수입이 보장된다는 정보 또한 자격증 학원의 광고일 뿐, 사실이 아닐 가능성이 있습니다. 고학력이라고 꼭 일을 잘하지는 않는다는 말이 이래서 나오는 것입니다. 정확한 질문에 대한 정확한 해답을 찾는 훈련만 해온 고학력자들이 스스로 질문을 설정해 자신의 지식과 생각을 의심하며 해답을 찾는 일에도 더 능숙한가 하면, 꼭 그렇지만도 않다는 것이죠. 학력이 높지 않아도 '정말 이 방법이 최선인지' 의구심을 가지고 현재 상황을 파악하여 더 나은 퍼포먼스를 보여주는 사람들이 많습니다.

제 유튜브 영상을 본 이들 중에는 "저도 이렇게 살고 싶어요"라고 말씀해주시는 분도 계십니다. 감사한 말이긴 하지만, 화려한 부분만 보이기 때문에 그렇게 느끼는 것일지 모릅니다. 쉬엄쉬엄 촬영한 것 같은 루틴 동영상도 실제로는 인파 속을 이리저리 뛰어다니며 카메라를 설치해 촬영하거나 피눈물을 흘리며 편집해 만든 것일 수 있으니까요.

누군가가 발신한 콘텐츠나 의견을 무조건 받아들일 것이 아니라 자기 안의 지침에 따라 판단할 수 있어야 한다고 생각합니다. 이 책에 쓰인 내용도 예외는 아니겠죠.

'사회적 연결'의 파악

간노 히토시의 『친하다는 이유만으로』에 따르면 인간관계에는 '이익을 위해 이어져 있는 측면'과 '함께 있는 자체가 목적인 측면'이 있다고 합니다. 직감과는 반대일지도 모르지만, 저는 학창 시절의 인간관계는 '이익을 위해 이어져 있는 측면'이 많다고 생각해왔습니다. '타인들의 평가'가 바로 그 이익이라고 생각했죠.

일본 사회는 동조 압력, 무리 중심의 의식이 강하다고들 합니다. 젊은이들은 다들 무리를 지으려고 하죠. 아무튼 모여 있는 것을 선호하고 누군가와 함께하지 않으면 불안해합니다. 거기에는 '함께 있는 것이 즐거우니까'라는 본인의 의지와 오랜 시간에 걸쳐 뿌리내려온 '모두와 발맞춰 가는 것이 곧 정답이니 함께 있는다'라는 무의식, 이 두 가지가 모호하게 얽혀 있습니다.

'주변 사람들에게 나만 겉도는 것처럼 보이기 싫다'는, 타인의 시선을 중시하는 사고방식은 이른바 '교로충きょろ充'이라고 불리는 인종을 만들어 냅니다. 교로충이란 무리에 속해 있긴 하지만 자신보다 충실한 현실을 사는 주변인들의 눈치를

보고, 빠르게 흘러가는 단체 대화방의 흐름을 따라가느라 피로를 느끼며 소위 '읽씹'이라고 불리는 행위에 과한 고민을 하는 등, 타인과의 관계성을 거북해하면서도 그 관계를 이어가는 사람들을 가리킵니다.

그러나 대부분의 사람은 학교에서의 집단생활을 졸업하고 개인의 삶을 살게 되면서 타인의 축을 중심으로 하던 사고의 기준을 자신의 축으로 이동시킵니다. 이익으로 연결된 관계와 연결 자체가 목적인 관계를 구별해 나가게 되죠.

그러니 학생분들은 지금 당장 '혼자 있기가 괴롭다', '다른 사람에게 맞추기가 어렵다'라는 생각이 들더라도 다음의 내용을 언어화하여 인식해보았으면 합니다.

인간관계에는 이익을 위해 이어진 측면과 함께하는 것 자체가 목적인 측면이 존재한다. 그러나 학창 시절의 인간관계에서는 이 두 가지가 명확하게 구분되지 않아 무의식적이고 모호한 집단생활이 이뤄진다. 지금은 괴로울 수 있지만 이런 모호함도 시간이 가면 서서히 사라진다.

이 내용을 기억하면 복잡하고 답답한 기분이 조금 나아질지 모릅니다.

● 음 타입 인간과 교사의 궁합

학교라는 환경에서 높은 평가를 받는 것은 주로 '주변의 모두와 맞춰가기를 좋아하는 학생'입니다. 협력을 잘하니 교사들의 마음에 들기 쉽죠.

운동회 연습을 할 때는 군대처럼 딱딱 맞춰서 행진하도록 가르치고, 졸업식 때는 부모 형제에게 잘 훈련된 모습을 보여주기 위해 정렬과 인사, 노래 연습을 반복해서 시킵니다. 이런 지도 방식은 '모두에게 맞추는' 순종적인 태도를 훈련시킬 뿐입니다. 행사 참가는 강제적이며 거부 의견을 내면 단칼에 '괴팍한 녀석', '부적합자' 취급을 당하죠. 이런 배경 때문에 모두 '무리를 이루는 것이 곧 정답이다'라는 의식에 젖어가는 것 아닐까요?

조심스러운 말이지만, 보통 교사가 되는 사람들은 학창 시절부터 집단생활에 잘 적응해 학교에 대한 나쁜 기억이 별로 없는 이들일 것입니다. 그래서인지 근본적으로 친구가 없는 학생들을 어떻게 대해야 하는지 잘 모른다고 느껴질 때가 종종 있습니다.

체육 시간에 자주 듣던 말 중 하나가 "두 사람씩 짝을 지어 보세요"였는데요. 교우관계가 쉽지 않았던 사람이라면

이 말 때문에 불안했던 기억이 있을 것입니다. 친구 사귀기가 힘든 학생들의 마음을 충분히 알고 있다면 처음부터 선생님이 짝을 지정해 주거나 "앞뒤 사람끼리 두 명씩 짝을 지어 체조합시다"라는 식으로 선택의 과정 없이 팀을 짤 수 있게 배려하지 않을까요. 적어도 대학의 교육학부 같은 곳에서는 미래의 교사들에게 '자율적으로 팀을 구성하는 것'의 문제점에 대해 가르쳐 줬으면 하는 것이 개인적인 바람입니다.

사회에서 일정 연령 이상의 여성들에게 "슬슬 결혼해야지"라고 말하는 것은 성희롱의 일종으로 구분하면서 교사들이 학생들에게 "친구 좀 만들어야지"라고 참견하는 것에는 아무런 제지도 하지 않는다는 사실이 참기 어렵습니다.

좋지 않은 자신의 심리 패턴 파악

일상생활에서 느끼는 불안한 감정은 자신이 현실을 어떻게 보느냐에 따라 크게 달라집니다. 받아들여야 할 사실 자체는 똑같아도 어떻게 받아들이냐에 따라 그 감정을 부정적인 형태 혹은 긍정적인 형태로 바꿀 수 있다는 뜻이죠.

미심쩍은 정신론처럼 들릴지도 모르겠으나 이런 생각을 바탕으로 '인지행동 치료'라는 심리치료법이 생겨났으며 이 치료가 우울증, 공황 장애, 외상 후 스트레스 장애 등 마음의 병에 유효하다는 사실이 입증되어 왔습니다. 투약보다 효과가 뛰어나다고 알려진 유서 있는 심리치료법이죠.

아마 이 책을 '아마추어 남성이 쓸데없는 지식을 써 놓은 책'이라고 생각하며 읽으면 책장을 넘기기조차 귀찮아지고 내용도 머리에 잘 들어오지 않을 겁니다. 하지만 '도움이 되었어요'라는 리뷰를 본 후라면 조금 더 기분 좋게 읽을 수 있을지 모르죠. 내용들이 머릿속에 쏙쏙 입력될 수도 있고요. 적혀 있는 내용 자체만의 문제가 아니라, 여러분이 그것을 어떻게 받아들이냐에 따라 결과가 달라질 수 있다는 말입니다.

평소 쉽게 좌절하거나 우울함에 빠져 있는 사람은 다른 이들에 비해 현실을 파악하는 방식이 왜곡되어 있다는 주장이 있습니다. 심리학에서는 '인지 왜곡' 등으로 표현되죠. 현실을 제대로 인식하고 자신의 감정을 조절하는 데 도움이 될 수 있도록 간단한 인지 왜곡의 예를 몇 가지 소개해보겠습니다.

타인 때문에 짜증이 나거나 부정적인 감정이 생길 때는 자신의 사고에 왜곡된 부분은 없는지 글로 정리하여 냉정하게 살펴봅시다.

인지에 따른 감정 차이

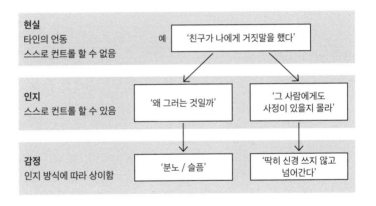

● 지나친 일반화

집단으로부터 고립되어 지내다 보면 자기 나름의 기준을 만드는 데 필요한 정보의 인풋이 적어집니다. '이런 문제가 흔히 일어나는가?', '나만 이런 고통을 느끼는 것인가?'에 대한 옳고 그름의 판단이 어려워지죠. 정보가 부족한 상태에서 혼자 생각만 거듭하다 보면 우울한 심리상태가 되기 쉽습니다.

누군가에게 같이 놀러 가자고 권했다 거절당했다고 가정해봅시다. 상대방의 입장에서는 공교롭게도 바쁜 시기였기 때문에 거절한 것뿐일지도 모르는데 '하여튼 나는 되는 일이 없어. 아무도 나랑 어울려 주지 않아. 평생 고독하고 외로운 인생을 살겠지'라고 생각한다면 그야말로 지나친 일반화겠죠.

자신이 이런 사고 습관을 지니고 있음을 인식하면 거절당하더라도 일시적으로 실망할 뿐, 치명적인 상처는 입지 않습니다.

'지나친 일반화'는 다시 다음의 두 갈래로 나눌 수 있습니다.

선택적 추상화

학교에서 선생님께 크게 혼났다. → '인간들은 다 이래. 하나같

이 잔혹하고 내 마음을 헤아리지 못해.'

혼난 이유가 아닌, 행위 자체에만 초점을 맞추고 있는 데다가 최근에 만난 대부분의 사람은 자신에게 공격적이지 않았다는 점을 간과하고 있습니다. 자신에게 공격적이지 않은 사람들이 대부분이었음에 집중하면 오히려 자랑스러워할 일일 수도 있는데 말이죠. 게다가 다른 사람도 자신과 똑같이 혼났다는 사실만 기억에서 지워버리기도 합니다. 혼났다는 사실에 충격을 받을 수는 있지만, 원인이 된 사건 자체에 눈을 돌려 근본적인 해결책을 강구할 필요가 있습니다.

'All or Nothing'이라는 사고방식

사소한 실수를 했을 때 '완전히 망했어. 나는 가치 없는 루저야'라고 생각한다.

'완전'이라는 것은 현실에서 좀처럼 존재하기 힘들며 어떤 사람이 '완벽히 우수하다'라거나 '모든 면에서 낙오자다'라는 생각은 비현실적입니다. 대부분 그중 일부는 어느 정도 해당되지만, 다른 일부는 그렇지 않은 '그러데이션적'인 면을 가지고 있습니다.

감사하게도 많은 분이 저의 온라인 활동에 '공감했다'라는 의견을 주시는데 그런 분들의 내면과 처한 환경 역시 다양합니다. 사람들과 어울리는 것이 특기인데도 왠지 모를 외로움을 안고 사는 사람, 연인과의 관계에 고민하는 사람, 학교에서는 친구들과 잘 지내지만 멘탈이 약한 사람, 학교생활이 어려워 등교를 거부하는 사람, '음 캐릭터'라는 한마디로 정리할 수 없는 이런저런 그러데이션을 지닌 사람들이 공감해주고 있다는 것이 저의 관측입니다.

평소 대인관계가 원활하지 못한 사람들은 자신보다 충실하게 인간관계 및 학교, 사회생활을 영위하는 이들을 한 데묶어 '적'으로 여기곤 합니다. 하지만 언뜻 일상에 충실해 보이는 사람들에게도 자신 있는 일과 어려운 일이 있을 테고, 각자의 입장에 따른 고민이 있을 것입니다. 나만 일상에 충실하지 못한 것도 아니고, 나만 괴로운 생활을 하고 있을 리도 없습니다. 이런 그러데이션은 다양한 차원에서 연속적으로 존재하지만, 그것이 인간의 레벨을 결정하는 것은 아닙니다.

현실은 디지털처럼 0과 1로 이분화할 수 없다는 사실을 염두에 두고, 절대적인 대답과 생각으로부터 자유로워질 수 있다면 자신의 포지션과 해야 할 일 등에 대해 적절한 사고를 하기 쉬워질 것입니다.

그러데이션은 연속체다. 경계가 없다

● **부정적 사고**

제1장에서 고립되어 있으면 부정적 사고를 하기 쉽다는 이야기(43쪽)를 했습니다만, 여기에도 몇 가지 패턴이 있습니다.

마이너스 사고

일이 잘 풀리지 않을 때 → '역시 나는 안되는구나…'

일이 잘 풀릴 때 → '어쩌다 생긴 일일 거야…'

대화를 하다가 상대가 물을 마실 때 → '지금 물을 마신 건, 내가 말을 잘 못해서 대화가 이어지지 않기 때문이겠지…'

일어난 일을 있는 그대로 받아들이지 못하면 이런 식의 부정적 사고에 매몰되고 맙니다. 안 좋은 일이 생기면 자신을 탓할 뿐 아니라, 좋은 면도 나쁘게 받아들이고 자잘한 부분까지 스스로의 책임으로 돌리곤 하죠.

메시지를 보냈는데 답장이 없을 때 → '무시당했어. 날 싫어하는 것이 분명해.'

단순히 바빴을지도 모르고, 생각에 빠져 미처 답을 못했을지도 모릅니다. 사정을 알 수 없는 상태에서 상대의 마음을 멋대로 지레짐작했을 뿐이죠. 확인 불가능한 상황에 대해 쓸데없는 생각을 할 필요가 없다는 것을 깨달으면 괜스레 고민할 일도 사라집니다.

이런 상황에서는 '내가 어떻게 해볼 수 있는 일'과 '내가 어떻게 할 수 없는 일'을 구별해 판단해봅시다. 다른 사람이 자신을 어떻게 생각하느냐, 어떻게 판단하느냐는 스스로 컨트롤할 수 없는 영역입니다.

메시지를 보냈는데 답장이 없을 때 → '메시지를 또 보내면 날 더 안 좋게 생각할 거야. 다시는 이 사람한테 연락 안 해.'

앞의 경우와 마찬가지로 상대방의 사정을 알지 못한 채 멋대로 상상을 키운 사례로, 스스로 사람들과 멀어져 놓고 우울해하고 있습니다. 실제로는 자신의 메시지가 제대로 전달되지 않았을 수도 있는데 말이죠.

이런 식의 부정적 사고는 "자신감을 가져", "긍정적으로 생각하면 돼"라는 조언을 듣는다고 해서 단번에 좋아지기 어렵습니다. 하지만 자신이 빠지기 쉬운 좋지 않은 사고의 패턴을 파악하는 것이야말로 상황을 인식하는 방식과 감정을 이끌어가는 법을 변화시키기 위한 첫걸음이라고 생각합니다.

● 성실함(○○ 해야만 한다는 사고방식)

성실한 사람일수록 완벽을 목표로 삼고 스스로를 몰아붙이는 경향이 있습니다.

약속 시간을 지키지 못하고 지각했을 때 → 늦어버린 자신, 약속을 지키지 못한 자신에게 실망한다.

상대방이 약속을 못 지키고 지각했을 때 → 마치 상대방에게 배신당한 듯한 기분을 느낀다.

'○○ 해야만 한다', '반드시 ○○할 필요가 있다'라는 사고방식은 스스로를 압박하고 몰아붙이게 만듭니다. 같은 생각을 상대에게도 대입시킨 후 문제가 생기면 본인이 좌절하죠.

'해야만 한다'라는 그 일이 과연 자신에게 얼마나 필요한지, 어떤 장점이 있는지를 따져보면 생각보다 그리 중요하지 않다는 것을 깨닫게 될지도 모릅니다. 남에게도 큰 기대를 하지 않는 것이 상책입니다. 온라인 활동을 하며 받았던 대부분의 비난은 그들이 쌓아 올린 기대감에 제가 부응하지 못한 것이 원인이었습니다.

'○○ 주제의 영상은 무조건 만들어줄 줄 알았는데…'

'커뮤니케이션 장애를 겪는다길래 인간관계가 전혀 없을 줄 알았더니…'

타인의 기대를 저버리고 미움까지 받는 것은 역시 괴로운 일이지만 '저도 당신에게 특별한 기대를 하지 않을 테니 당신도 그랬으면 좋겠어요'라는 태도를 견지하면 마음이 편해집니다. 타인에게 기대하지 않으면 그 사람을 원망할 일도 없어집니다. 상대방의 호의나 배려, 다정함에 대한 기대를 최소한으로 낮춰두면 '배신당했다'라는 감정을 배제할 수 있게 되죠.

4

확률적 사고와 기준치

아무리 많은 정보가 있어도, 그중 자신에게 필요한 것을 이해하고 선별해 올바르게 분석하여 활용할 수 없다면 그 정보는 아무런 의미도 갖지 못합니다. '데이터 리터러시Data Literacy'라 불리는 이 개념은 분야를 막론하고 모든 비즈니스에서 활용할 수 있는 무기로 알려져 있죠.

'편차'나 '회귀분석'처럼 어려운 공부를 해야 하는 것이냐 묻는 이도 있겠지만, 그보다 중요한 것은 냉정하게 통계적 사고를 할 수 있는가 하는 점입니다. 이런 사고가 가능해지면 불안함도 완화될 수 있습니다.

● 될 때까지 시행 횟수를 늘려간다

일본에는 '서투른 총도 많이 쏘면 맞는다'라는 속담이 있습니다. 빈정거림으로 쓰이는 경우도 있지만 '설령 서툴지라도 반복해 시도하다 보면 언젠가는 성공한다'라는 의미로 이해할 수도 있죠. 시행 횟수를 염두에 둔다는 것은 이런 마인드를 갖는다는 뜻입니다.

10%의 확률로 '한 개 더'에 당첨되는 아이스크림이 있다고 합시다. 이 경우 '10개 이상을 사면 하나쯤은 당첨될 거야'라는 방식의 계산을 할 수 있을 것입니다. 확률은 고정되어 있으니 시행 횟수를 늘리면 된다는 냉정한 통계적 판단이죠.

'저 슈퍼에서 사면 당첨이 잘 된다더라', '당첨되기 위해 정신을 집중해보자' 등 어떻게 하면 확률이 높아질지 고민하며 시행착오를 거듭하는 사람은 많지 않을 것입니다.

아이스크림에서 '꽝'이 나올 때는 냉정한 사고가 가능했던 사람도 자신과 주변인과 얽힌 일 앞에서는 시행 횟수가 아닌 확률 그 자체에만 사로잡혀 정신적 상처를 받는 경우가 많습니다. 친구 혹은 연인이 생기지 않는다는 고민 역시 이에 해당합니다.

고등학생 시절, 같은 학급에 있던 고작 수십 명과 궁합이 맞지 않았다고 '나는 대인관계가 불가능한 사람이야. 앞으로 평생 고독하게 살 거야'라는 비관적 사고를 하는 경우도 마찬가지죠. 이런 사람들은 취직 준비를 하다 면접에서 떨어지면 '역시 어디에서도 나 같은 사람을 받아주지 않아'라는 불안에 휩싸이기 쉽습니다.

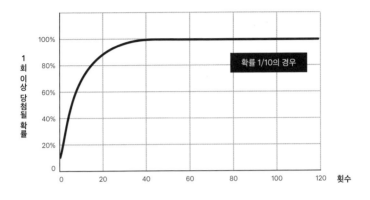

10%의 확률로 당첨되는 것에 1회 이상 당첨될 확률

확률 1/10의 경우

> 횟수를 늘리다보면 언젠가는 당첨된다

이러한 불안은 일의 결과를 마치 시험의 편차치처럼 '능력의 높고 낮음'이라고 생각할 때 생기는 것 아닐까요? 커뮤니케이션 능력과 외형이 어느 정도 관여할 수는 있지만 친구 만들기든 취직이든 기본적으로는 '매칭'이 관건이며 어디까지나 궁합이 맞느냐 아니냐의 문제일 뿐이라고 생각합니다.

앞으로 만날 사람이나 지원하는 회사의 모수를 차근차근 늘려나가며 '어딘가에 존재할 나와 맞는 사람 혹은 회사'를 이번에 만나느냐, 아니냐의 문제일 뿐이라고 받아들이면 마음이 편해지지 않을까요. '열 개를 사는 동안 한 번도 당첨되지 않았지만, 더 사 먹다 보면 반드시 한 개 더 뽑을 수 있을 거야'라고 가볍게 넘기며 아이스크림을 살 때마다 일희일비하지 않듯, '이 사람과는 친해지지 않았지만, 언젠가 나와 맞는 사람을 만날 수 있을 거야', '이 회사에는 합격하지 못했지만, 어딘가 나와 어울리는 회사가 있을 거야'라는 식의 사고를 할 수 있다면 좋겠습니다.

'분명 누군가는 정답을 알고 있을 텐데 나는 모르잖아. 그러니 알아야겠어'라는 사고방식은 사람을 괴롭게 합니다. 정답은 아무도 모릅니다. 그저 모두가 나름의 정답을 추구하며 매일 싸워나가고 있을 뿐이죠. 이 사실을 기억하면 시행 횟수를 늘려가며 연속되는 작업에 맞설 수 있지 않을까요?

확률적 사고를 통해 목표 달성을 위한 행동을 명확히 할수도 있습니다. 어차피 구직 활동을 통해서는 한 군데의 회사밖에 들어가지 못하기 때문에 여러 회사에서 합격을 내정 받아봤자 그 의미는 그리 크지 않습니다. 면접 하나하나의 승률을 높이는 데만 열중하기보다 자신과 맞는 회사를 찾기 위해 묵묵히 시행 횟수를 늘려가는 것을 목표로 삼는 편이 바람직하죠. 한 번에 여러 사람과 결혼할 수 없다는 점을 생각하면 연애도 마찬가지입니다.

영업 사원들은 백 건의 미팅을 통해 기껏해야 두세 건의 계약이 성사되는 것이 일반적이라고 합니다. 한 건의 미팅에서 거절당했다고 '내 존재가 부정당한 것 같아', '이건 내게 맞는 일이 아니야'라며 일일이 고민하기보다는 누가 영업을 하든 계약 체결로 이어지지 않는 경우가 훨씬 많다는 사실을 인식하고, 신속하게 다음 고객을 만나러 가는 것이 좋습니다. '계약에 실패하면 곧바로 다음 스텝으로 넘어간다'라는 다소 기계적인 사고체계가 더 나은 성과를 끌어낼 수도 있습니다.

● 적은 샘플 수로 인해 어긋나는 기준치

주변과 밀접한 관계가 없는 사람들의 멘탈을 흔드는 것은 정보원의 부족과 이로 인한 현실 파악의 어려움입니다. 인간관계에서 겉돌아 충분한 커뮤니케이션을 하지 못하면 이와 비례해 얻을 수 있는 샘플이 적어지고, 그러다 보면 자신의 기준치와 일반적인 기준치 사이에 어긋남이 생기기 쉽습니다. 눈앞에 위압적일 정도로 높고 두터운 벽이 있다고 느껴 절망감에 빠지기도 하고, 그와 반대로 심각한 문제를 혼자만 가볍게 여겨 실수하기도 합니다. 현실을 파악하는 데 필요한 요소들이 양적으로 부족하지는 않은지 항상 자문하며 꾸준히 탐색하고, 사회와의 소통을 통해 자신의 생각에 윤곽을 잡아가는 작업이 필요합니다.

저의 경험담을 하나 소개하겠습니다.

예: 커뮤니티의 정보 파악

저는 대학 입학 후 학점 때문에 절망했습니다. 수업에 빠짐없이 출석해 열심히 강의를 들었는데도 당최 이해할 수 없는 내용들이 너무 많아 막상 시험 준비를 하려면 어떻게 공부해야 할지 감을 잡지 못했습니다. 결국 아무것도 모른 채 시험을 봤고, 그 결과 문제를 제대로 풀지 못해 좋은 성적을 받지 못했죠.

다른 학생들은 당연하다는 듯 쉽게 학점을 따고 다음 학기의 수업 계획까지 짜고 있었는데 말입니다. 이런 상황이 반복되다 보니 다른 사람들은 다 머리가 좋은데 나만 뒤떨어지고 요령이 없다는 생각에 파묻혀 완전히 기가 죽었습니다.

한번은 수업 시간에 과거 기출 문제, 소위 말하는 '족보'를 받았던 적이 있습니다. 보통 족보는 학생들 사이에서 알음알음 공유되는데 교수님께서 "이 내용을 참고해 대책을 세우도록"하라시며 직접 나눠 주시더군요. 그 기출 문제를 바탕으로 공부해 보니 수업의 내용이 파악되면서 정말 내 것이 되는 경험을 했습니다.

그전까지 주변 학생들과 큰 실력 차이를 느끼던 저는 이런 족보의 존재를 의식하지 못하고 있었습니다. 족보의 존재를 인식하게 되면서 지금껏 느껴왔던 그 차이가 기출 문제가 있느냐, 없느냐에 의해 크게 좌우된다는 사실을 알게 되었죠.

나아가, 기출 문제를 확인함으로써 공부를 위한 적절한 방향 설정도 할 수 있게 되었습니다. 다른 학생들은 딱히 노력도 하지 않고 쉽게 학점을 따는 줄만 알았는데 제가 너무 안일하게 생각했더군요. 그들 모두 기출 문제라는 나침반을 활용해 나름대로 바람직한 노력을 거듭하며 학점을 이수하고 있었습니다.

예 : 사회의 정보 파악

학창 시절의 저는 사회에 어떤 종류의 사람이 많은지 파악할 수가 없어 미래에 대한 막연한 불안을 느낄 때가 많았습니다. 사회에 나가면 반에 꼭 한두 명씩 있던 오락부장 스타일의 사람들과도 잘 지내야 하는지, 술자리에서 괴롭힘을 당하지는 않을지, 이런 내가 잘 적응해서 살아갈 수 있을지 등,

걱정거리에는 끝이 없었습니다.

하지만 실제로 사회에 나가자 그 모든 게 기우였다는 사실을 알게 되었습니다. 자신이 속한 환경은 어느 정도 스스로 선택할 수 있습니다. 이를테면, 취업할 때 지원하는 회사 정도는 스스로 정할 수 있으니 적어도 자신에게 정말 맞지 않은 분야는 피할 수 있다는 것입니다. 어느 정도 조절만 하면 '지나치게 파워풀한 영업맨들로 가득한 직장에 내가 속한다'와 같이 완전히 예상을 벗어난 일은 일어나지 않는다는 사실도 깨달았죠. 그뿐 아니라, 사람들 대부분이 나이를 먹을수록 분별력이 생겨서인지 음 캐릭터니 양 캐릭터니 하는 것들을 일일이 신경 쓰지도 않더군요. 대화를 하면서 '아, 이 사람 속으로 날 깔보고 있구나' 같은 느낌을 받는 일도 확실히 줄었습니다. 다들 능숙하게 '신경 안 쓰는 척'을 하고 있을 뿐인지도 모르겠지만요.

사실 취업 준비를 하는 동안 영업직에 응모한 적이 있습니다. 당시 면접장에서 문과나 체육계 사람들과 대화할 기회가 생겼습니다. 그때까지는 문과나 체육계의 사람들은 나와 그리 어울리지 않고, 말도 잘 통하지 않을지 모른다고 생각해 왔는데 대부분 가식 없는 모습으로 저처럼 내향적인 사람과도 아무렇지 않게 대화한다는 사실을 알게 되었습니다. 저 역시 그 자리에서만 만나고 끝나는 일회성 관계이니 평소 커뮤니케이션에 어려움을 겪고 있는 것과 관계없이 그들과 이야기할 수 있었습니다. 의외로 수월하게 대화하는 자신을 발견하게 되었죠. 면접장에서 장래 희망과 하고 싶은 일에 대해 열정적으로 이야기하는 그들의 모습도 매우 인상 깊었습니다.

주변에 있는 공대 동기들은 대학원으로 진학하는 비율이 압도적으로 높습니다. 그래서인지 그 시기부터 미래의 할 일에 대해 심각하게 고민하는 사람도 별로 없었고 장래에 대한 대화도 거의 나누지 않았습니다. 엔지니어를 목표로 하는 사람들은 보수적인 경향이 있어서인지, 특별한 열의를 가지고 그 일을 하기보다 안정적인 직장 확보에 집중하는 면이 있기도 했고요.

그래서 다른 사람이 미래에 대해 열정적으로 이야기하는 모습을 보는 것만으로 가슴이 떨리더군요(면접이라는 특성상 과장된 부분도 있을지 모르겠지만요). 뭔가 열심히 하는 사람을 지켜보는 일은, SNS에서 불평만 쏟아내고 있는 부정적인 인간들을 보는 것보다 훨씬 기분이 좋습니다.

대학생이나 젊은이들이 "난 자유가 좋아. 회사에 지배당하고 싶지 않아" 같은 말을 하는 것을 자주 듣습니다. 학창

저자가 취업 준비를 하며 응모했던 업종 리스트

업종	직종	설명회	1차	2차	3차
IT	컨설턴트	6월 12일	6월 15일	6월 27일	6월 29일
IT	마케팅	6월 19일		6월 25일	7월 2일
회계	컨설턴트	06월 20일		7월 5일	불합격
광고운용	마케팅	06월 30일		사퇴	
기술(건설)	기술영업	6월 5일	6월 20일		사퇴
기술상사	기술영업		6월 22일		사퇴
금융(PSP)	영업	6월 8일	6월 12일	6월 26일	불합격
기술(반도체)	생산관리		6월 29일	사퇴	
IT	엔지니어	6월 13일	6월 19일	사퇴/불합격	
IT(EPR)	도입지원	6월 4일	6월 14일	불합격	
광고	종합		6월 13일	불합격	
IT	영업	6월 5일	사퇴		
IT	엔지니어	6월 7일	사퇴		
IT	엔지니어	6월 8일	사퇴		
상사	영업	6월 20일	사퇴		
IT	영업	6월 22일	사퇴		
IT	엔지니어	6월 26일	사퇴		
IT	종합		사퇴		
광고		사퇴			
광고		사퇴			
기술		사퇴			
기술		사퇴			
기술		사퇴			
금융		사퇴			
IT		사퇴			
IT		사퇴			
IT		사퇴			
광고		불합격			
광고		불합격			
컨설팅		불합격			
컨설팅		불합격			
광고		불합격			
광고		불합격			
기술		불합격			
기술		마감됨			
기술		마감됨			
기술		마감됨			
싱크탱크		마감됨			

시절 내내 자유롭게 살아왔을 텐데, 사회인이 되기도 전부터 그런 생각을 하는 이유가 무엇인지 살펴봤더니 인터넷 뉴스나 인플루언서들의 이야기만 보고 무턱대고 사회에 대한 나쁜 이미지를 쌓아가는 사례가 적지 않더군요. 그 사회도 막상 겪어보면 의외로 버틸 만한 경우가 많은데 말이죠.

이상이 제가 직접 경험한, 커뮤니케이션의 양적 부족으로 현실을 제대로 파악하지 못했던 사례입니다. '이런 사회의 메커니즘을 미리 알았더라면 미래에 대해 그렇게까지 불안해하지 않았을 텐데'라는 생각을 지금에야 합니다.

● 대부분의 인간에게는 '광기적인' 부분이 존재한다

누구에게나 자신이 살아온 과정에서 비롯된 편향이 있을 수 있습니다. 유복한 가정에서 자란 사람과 그렇지 않은 사람이 경험한 의식주 환경 사이에는 차이가 있을 테고, 소속된 집단에 따라 커뮤니케이션 상식에 대한 인식도 다르겠죠. 모든 분야에서 표준적인 가치관을 갖는다는 것은 의외로 어려운 일입니다.

일상에서는 세상 모든 이들이 마치 '보통 사람'인 척하며 살아갑니다. 하지만 여성은 일하지 않고 집이나 지키는 것이 당연하다고 생각하는 사람, 치즈 케이크를 자르지도 않고 먹는 사람, 으름덩굴을 먹을 줄 모르는 사람 등 정도와 내용의 차이만 있을 뿐 누구에게나 이상한 부분은 있습니다.

아마, 하려고 마음만 먹으면 어떤 사람에게든 ○○ 장애라는 병명을 붙일 수 있을 것입니다. 그렇다고 그 모든 장애를 인정하는 사회가 늘 옳은가 하면 그렇지도 않지요.

2021년 개최된 도쿄 올림픽에서 일본의 소프트볼 대표팀이 금메달을 획득했습니다. 나고야 시청에서는 해당 지역 출신의 선수가 대활약을 펼친 것을 축하하는 자리를 마련했는데, 나고야 시장이 그 자리에서 선수의 금메달을 멋대로 깨무는 바람에 엄청난 비난을 받았습니다. 나고야라는 대도시의 시장이 될 정도면 꽤 많은 존경과 신뢰를 받아왔을 텐데, 이런 편향된 일면이 드러나자 순식간에 비판의 대상이 되어버린 것이죠.

무서운 점은 나 역시 언젠가 무의식적으로 비슷한 일을 벌일 가능성이 있다는 사실입니다. 일반적으로 고독한 사람에게는 편향적인 면이 많을 수 있기 때문에 범죄나 도덕과는 달리 주위와의 커뮤니케이션을 통해 기준치를 보완하여 조정할 수밖에 없는, 소위 말해 '분위기를 파악하는' 능력에 대한 과제가 많습니다.

　언제, 어떤 부분에서 자신의 광기가 세상에 드러나 큰 문제를 일으킬지 모르기 때문에 끊임없이 정보를 수집하고 작은 실수를 거듭하며 자신의 기준치를 중립에 가깝게 조정해가는 과정이 중요하다고 생각합니다. 어떤 면에서는 자기 개발의 일종이라고 볼 수도 있겠죠.

음 캐릭터로서의 노하우 Q & A

일과 사랑과 인생.
다나카가 생각하는 '음 캐릭터가 나답게 살아가는 인생의 기술'에 대해
듣는다.

일상 편

Q. 혼자 있는 게 괴롭게 느껴질 때 도움받은 콘텐츠 (책, 만화, 영화, 음악 등)를 가르쳐 주세요.

A. 오쓰키 겐지의 『구미 초콜릿 파인』. 저자 자신의 괴로웠던 학창 시절을 그리고 있는데 클래스에서 공기 같은 존재였던 주인공에 공감했습니다. 나중에는 밴드를 결성해 여자 친구들과의 접점도 생기길래 '뭐야, 결국 밴드 같은 거 하는 인간이었잖아!'라는 생각이 들긴 했지만, 채워지지 않은 청춘을 다른 시각에서 보니 그 경험에도 의미가 있었을지 모른다는 사고가 가능해지더군요. 아사이 료의 『키리시마가 동아리 활동 그만둔대』. 이 작품도 음 캐릭터와 양 캐릭터 각각의 괴로움이 그려져 있어 무척 흥미로웠습니다. 양 캐릭터가 쓴 작품에 공감해야 한다는 허들만 넘을 수 있다면 추천합니다.

Q. 회식이나 노는 자리에 오라는 제안을 받았을 때 자연스럽게 거절하는 방법을 가르쳐 주세요.

A. 저한테는 애초에 거절한다는 선택지가 없었기 때문에 다 수락해 놓고 속으로만 '가기 싫다…'라는 생각을 하곤 했습니다. 회식 자리에서는 먹는 것에 집중하느라 대화에 참가할 여유가 없다는 태도를 유지하며, 한 번씩 신이 난 무리를 보고 생글생글 웃는 방법을 쓰고 있습니다.

Q. 자신에게서 '양 캐릭터'적인 면을 느낀 순간이 있나요?

A. 모든 것은 0 혹은 1로 구분되는 것이 아니라 그러데이션의 형태를 띤다고 생각하기 때문에 어떤 사람과 비교하면 저에게도 양 캐릭터의 요소가 있을지 모릅니다. 환경에 따라 양의 성향, 음의 성향을 오가기도 하고요. 학창 시절에도 학교 안에서는 음 캐릭터였지만 집이나 아르바이트하는 곳에서는 딱히 그렇지 않았거든요.

Q. 온라인에서 사람들과 잘 소통하는 요령을 가르쳐 주세요.

A. 처음에는 2ch부터 시작하는 것이 좋지 않을까요. 제가 사람들과 처음으로 소통한 온라인 플랫폼 역시 2ch이었습니다. 트위터는 사람들과 어떻게 어울려야 할지 감이 잘 오지 않기 때문에 진입장벽이 다소 높을 수 있습니다. 그러니 2ch에서 혼잣말하듯 이야기를 시작해보는 편이 나을 것 같아요. 와닿는 발언을 하면 누군가는 반응해 줄 겁니다.

Q. 대학에 다니는 동안 뭘 하면 좋을까요?

A. 우선 대학에 갈지 말지부터 제대로 검토할 필요가 있다고 생각합니다. 저는 아무 생각 없이 학교에 다니느라 4년을 낭비했는데 대학에 다니면서 얻은 것이 있다면 '혹시 대학에 갔더라면 내 인생이 조금 더 낫지 않았을까'라는 후회의 여지를 제거했다는 점, 그래서 그 문제에 대해서는 안심할 수 있다는 정도가 아닐까 싶어요. 그런데도 대학 시절에 할 일을 하나 추천하자면 '인턴십'이요. 저는 도쿄대학처럼 우수한 학교의 학생들과 저의 실력이 어느 정도 차이가 나는지 확인하고 싶었거든요. 인턴십이 그런 기회가 되어줄 것 같아요.

일과 직장 편

Q. 회사에 가기 싫을 때는 어떻게 하나요?

저는 회사에 가기 싫다는 생각을 해본 적이 없어요. 늦잠을 잔 날에 쉰 적은 있지만요. '가기 싫다'는 마음이 든다면 직장을 구할 때 회사를 잘못 선택했거나 막상 들어가 보니 생각과 달랐던 것 아닐까요. 그 원인을 찾아 직장 선택부터 바로잡는 것이 일반적인 방법 같아요. 저는 유튜버도 겸하고 있기 때문에 그런 고민을 하는 사람들에게 걸핏하면 유튜버가 되어보는 게 어떻겠냐고 제안합니다. 수익이 생기면 회사를 그만둘 수 있을지도 모르잖아요. 도전해봤는데 잘 안되면 '아, 나는 이 정도 수준이구나'라고 깨닫고 더 일에 집중할 수도 있고요.

Q. 꿈이나 목표를 이루기 위해
   실천하고 있는 일을 가르쳐 주세요.

A. 꿈은 아니지만 목표가 하나 있다면 2억 엔을 모으는 것입니다. 너무 적나라한 목표죠. 여기서는 말할 수 없지만 그 목표를 위해 유튜버 외의 다른 일도 겸하고 있습니다. 하지만 돈을 다 모은 다음 뭘 하고 싶은가 생각해보면 결국 유튜버일지도 모르겠어요. 조회수 등에 신경 쓰다 보면 하고 싶은 콘텐츠를 못 만들 때가 있거든요. 그렇다고 정말 만들기 싫은 콘텐츠를 만든다거나 하기 싫은 걸 억지로 하지는 않지만, 아무것도 신경 쓰지 않고 영상을 올릴 수 있는 분들이 부럽기는 해요.

Q. 다들 바쁜데 혼자만 신입이라
   할 일이 없을 때는 어떻게 하면 좋을까요?

A. 저도 첫해에는 거의 방치되어 있었어요. 단순 작업을 조금 더 편리하게 하는 프로그램을 연구해 만들어 보거나 도움이 될 만한 방법을 찾아봤더니 결과적으로 시간이 더 많이 생겨버렸죠. 결국 인터넷 기사를 보는 등으로 시간을 보냈어요. 평생 그 회사에 다닐 생각이라면 "제가 할 일은 없을까요?"라고 능동적인 태도로 물어볼 수도 있지만 5년 정도만 다닐 곳이라든가 언젠가 그만둘 마음이 있다면 그렇게까지 애쓸 필요는 없지 않을까요. 자기 계발에 여유 시간을 쓰는 게 좋을 것 같습니다.

Q. 직장과 유튜브는 본인의 삶에서
각각 어떤 역할을 하고 있습니까.

A. 유튜버는 어디까지나 취미 활동이라 평생의 직업은 아니라고 생각해요. 유튜브를 통해 대단히 새로운 기술을 익힐 수 있는 것도 아니니까요. 가능성에 깊이를 만들어주는 것이 제 일의 역할이고 그 가능성을 펼쳐주는 것이 유튜브의 역할 같습니다. 일만 했다면 이렇게 책을 낼 수도 없었겠죠. 다만, 저는 두 분야 모두 변화를 맞이할 수 있다고 생각합니다. 제 마음이 바뀔지도 모르고, 외적 요인이 생길지도 모르지요.

연애 편

Q. 음 캐릭터의 여성과 양 캐릭터의 여성,
각각의 매력을 알려 주세요.

A. 양 캐릭터의 여성 중에는 외모가 준수하고 인기도 많으며 칭찬에도 익숙한, 자기긍정감이 높은 사람이 많지 않을까요. 음 캐릭터 여성의 좋은 점은 교우 관계가 폭넓지 않기 때문에 한 사람에 대한 애정이 깊다는 점 같아요. 조용히 묵묵하게 노력하는 분들도 많은 듯하고요. 그런 면 때문에 학창 시절을 그다지 즐기지 못한 경우도 있을지 모르겠네요. 같은 음 캐릭터라도 유튜브 등의 플랫폼을 통해 전면에 나서 활동하는 쪽이 더 큰 관심을 받겠지만, 꾸준히 묵묵하게 일하는 모습은 역시 매력적이라고 생각합니다.

Q. 음 캐릭터 남성에게 다가갈 수 있는 효과적인 방법을 가르쳐 주세요.

A. 음 캐릭터들은 별것 아닌 일에도 설레어 하니 어떤 의미로는 쉬운 상대일지 모릅니다. 주의해야 할 점이 특별히 많지는 않겠지만 용건 없는 메일이나 지나치게 현란하고 화려한 이모티콘 같은 것에는 별로 익숙하지 않을 거예요. 중학교 시절에 딱 한 번 같은 반 여자 친구와 메시지를 주고받은 적이 있는데 제가 이모티콘도 안 쓰고 질문에 단답형으로만 말했더니 무슨 해탈한 사람 취급을 하며 자연스레 연락을 끊더라고요. 싫어한다는 말이 아니라 이런 것에 서툴다는 사실을 이해해주면 좋을 것 같아요. 공부 관련 질문이나 상담 등 용건이 확실한 내용에는 비교적 진지하고 성실하게 답해줄 겁니다. 가르쳐주는 걸 좋아하는 음 캐릭터들이 생각보다 많거든요.

Q. 음 캐릭터와 양 캐릭터의 연애는 가능할까요? 그런 연애를 할 때 주의해야 할 점에 대해 알려 주세요.

A. 가능하지 않을까요. 잘은 모르겠지만요… 다만, 음 캐릭터 쪽의 교우관계가 현저히 좁아 힘의 균형이 맞지 않을 가능성이 있습니다. 음 캐릭터는 양 캐릭터의 폭넓은 인간관계를 이해하고 자신이 거기에 속한 사람 중 한 명임을 받아들여야겠죠. 상대방이 인기가 많다는 사실도 제대로 인식해야 하고요. 양 캐릭터는 그런 점 때문에 불안해하는 음 캐릭터의 마음을 알아주면 좋겠어요. 공통의 친구를 만드는 것도 괜찮은 방법이고요. 친구라는 인간관계의 선택지가 많아지면 상담도 할 수 있고, 늘 혼자 고뇌하지 않아도 되니까요. 가능하다면 양 캐릭터가 음 캐릭터에게 외적 스타일을 맞춰줘도 좋을 것 같네요.

Q. 결혼에 대해 어떻게 생각하세요?

A. 결혼의 장점을 잘 모르겠어요. 그렇다고 60세가 되어서 혼자 유튜브를 하는 모습이 근사해 보일까 상상해보면 그것도 확신이 안 서고요. 일단 저부터가 그 모습에 흥미가 없을 것 같기 때문에 미래에는 누군가 곁에 있으면 좋겠다는 생각도 가끔 합니다. 다만, 그게 꼭 결혼의 형태일 필요는 없을 것 같아요. 마음속 한구석에는 부모가 되고 싶다는 생각도 있거든요. 하지만 그건 한번 시작하면 도중에 그만둘 수가 없어 두렵습니다. 만약 아들이 있다면 최강의 존재로 키워보고 싶다고 생각할 때도 있긴 해요. 지금 이 상태라면 평생 독신으로 살지도 모르지만요.

제 4 장

행동 –
인생을
최적화하는 습관

지금까지 고독한 인간이 느낄 수 있는 불안과 어려움에 대해 이야기했습니다. 이 장에서는 고독한 인간이 부딪히기 쉬운 문제에 대한 구체적 해결 방안으로, 적당한 인풋과 아웃풋의 방법을 제시해보려 합니다.

주위의 정보를 적절히 모으는 인풋 방식과 자신의 존재 의의를 나타낼 수 있는 아웃풋 방식을 익히면 충실한 '나 홀로 생활'을 할 수 있을 것입니다.

가설을 세우고 검증을 반복한다

인생의 다양한 상황에 필요한 정보 수집. 더욱 정확하고 유용한 정보를 얻기 위해 사전에 세워둬야 할 가설과 그 검증에 대해 알아봅시다. 리서치의 질문이 탄탄하면 그 질문에 맞는 답을 찾으면 되지만, 물음 자체가 모호해 마땅한 가설조차 없는 상태라면 막무가내로 인풋을 해 봤자 수렁에 빠질 뿐이니까요.

막연하게 입시에 성공하고 싶다는 생각을 하는 고등학생이 인터넷에서 그 답을 찾는다고 해볼까요. 잠은 8시간 정도 자는 것이 좋다더라, 카페인을 마시면 집중력이 올라간다더라, ○○의 참고서를 봐야 한다더라, ○○대학은 경쟁률이 높다더라 등등 찾으려고만 들면 얼마든지 '정답 같은' 이야기들을 찾을 수 있습니다. 하지만 이렇게 손에 넣은 정보를 다 흡수해 응용하려고 하면 결국 진흙탕에 빠져 버리죠. 너무 많은 정보를 접하다 보면 오히려 모든 면에서 어중간해지기 쉬우니까요. 인풋을 하다 보면 '이렇게 하는 게 좋아요!'라는 식의 정보가 무수히 쏟아지는데 그들의 중요도를 어떻게 판단해야 할지 감을 잡기 어렵죠.

그러니 스스로 만든 물음의 해결 방안에 대한 가설을 세워 하나씩 검증해나갈 필요가 있습니다. 과제를 건성으로 인식하고 세분화 없이 대응하는 상황에서는 단편적인 사고를 하게 되고, 그러다 보면 문제 해결에서 멀어져 버리죠.

예를 들어봅시다. 상습적으로 지각을 하는 사람이 지각을 안 하기 위한 방법을 고민하고 있습니다.

- 옳지 않은 예

문제점 : 지각이 잦음

가설 : 마음을 고쳐먹고 내일부터 일찍 일어나면 될 것이다.

이 경우 '마음을 고쳐먹는다'는 전제는 검증이 불가능 합니다. 설령 다음날 지각을 면했다 해도, 머지않아 또 지각하기 십상이죠. 검증을 위해서는 YES 혹은 NO라는 답을 도출할 필요가 있습니다. 다시 말해, 문제를 해결하려면 YES 혹은 NO로 대답할 수 있는 가설을 세워야 한다는 것이죠.

자, 그렇다면 다시 한번 상습적 지각에 대한 해결책을 고민해볼까요. 일단 지각하는 원인의 구조를 다음과 같이 분해해 보겠습니다.

- 좋은 예

  문제점 : 지각이 잦음

  가설 : 야근으로 인해 잠자리에 드는 시간이 너무 늦다.

  실질적 물음 : 업무 관리법을 개선해야 하는 것 아닐까?

이 경우 업무 관리법 개선에 대한 세밀한 검증이 필요해지는데 위의 가설이라면 YES 혹은 NO의 답을 낼 수 있습니다. NO라는 답이 나올 경우 그 가설을 기각하고 다른 가설을 세울 수 있게 되죠.

취업 준비를 하다 면접에서 떨어졌다 해도 어디까지나 그날의 답변 방식이 적절하지 않았을 뿐입니다. 위와 같은 검증 방법을 이용해 다양한 패턴의 표현 방식을 묵묵히 검증해 나갈 수밖에 없죠. 한 번의 결과로 자신의 존재가 부정당했다는 생각에 빠지지 않기를 바랍니다.

지각 원인에 대한 고찰

잠드는 시간이 너무 늦다
= 귀가 시간이 늦다
× 귀가 후 시간 활용에 문제가 있다
× 기타

귀가 시간이 늦다
= 야근을 하기 때문이다
× 기타

귀가 후 시간 활용 방법
= 목욕
× 식사
× 기타

지각하는 원인
= 잠드는 시간이 너무 늦다
× 수면의 질이 낮다
× 기타

수면의 질이 낮다
= 침구가 좋지 않다
× 블루라이트
× 기타

침구가 좋지 않다
= 베개 높이가 몸에 맞지 않는다
× 매트리스가 딱딱하다
× 기타

고독한 사람 나름의 정보 수집

제2장에서 주변인들과의 관계가 깊지 않은 사람은 정보의 소스가 부족해 현실을 파악하기 어렵고, 그로 인해 멘탈이 흔들리기 쉽다는 이야기를 했습니다. 그렇게 되지 않기 위해서라도 정보 수집에 힘을 쏟아야 합니다.

인적 자본이 궁핍하면 검색 엔진이나 트위터 같은 SNS를 통해 필사적으로 객관적 정보를 얻을 수밖에 없습니다. 다행히도 현대에는 인터넷 환경이 갖춰져 있어 방법만 알면 사람들과의 직접적 연결이 없어도 정보 수집이 가능하죠(구글의 일본어 검색 서비스가 시작된 지는 2022년을 기준으로 22년밖에 되지 않았고, 트위터가 일본에 론칭한 역사도 약 14년에 불과합니다. 이전의 생활을 상상하는 것은 의미가 없지만, 일상의 많은 일을 인터넷으로 처리할 수 있는 오늘날의 환경에 감사하고 있습니다).

취직 준비를 할 무렵 '취직은 정보 전쟁이다. 혼자서는 버겁다'라는 말을 참 많이 들었습니다. 취업이 정보전이라는 것은 엄연한 사실이니 목표로 한 기업에 다니는 선배들이나 입사 내정자, 다른 취업 준비생들에게 현장의 생생한 정보를 얻어야 한다는 것이 지론일지 모릅니다. 하지만 늘 인터넷을 통해 정보를 수집해왔던 저는 취업 정보 역시 인터넷에서 어렵지 않게 얻었고, 취업 준비에 친구가 필수라는 생각은 하지 않았습니다.

대학에서 리포트를 쓸 때도 동기들과 협력하는 사람들이 많았지만, 저는 항상 혼자 정보 수집을 하면서 졸업까지 무사히 노를 저을 수 있었습니다. 고독한 사람도 적절한 정보 수집만 가능하면 인생의 다양한 국면에서 치명적인 어려움은 피할 수 있다고 생각합니다.

그럼, 제가 실제로 사용한 정보 수집 방법을 소개하겠습니다.

● 트위터

자신의 생각과 감정 발신하기, 타임라인을 훑어보며 히죽거리기, 유명인에게 댓글 달기, 팔로워 수 늘리기, 비슷한 환경의 사람과 고민을 나누며 공감하기 등 사람들은 저마다 다양한 용도로 트위터를 사용합니다.

저도 업로드용 계정을 가지고는 있지만, 트위터는 무엇보다 정보를 수집하기에 매우 편리한 툴이라고 생각합니다.

리스트 기능 활용

자신이 재학 중인 학교의 과제에 관한 정보, 특정 커뮤니티에 있는 사람들의 평판 등 자신을 둘러싼 로컬 관련 정보들을 얻으려면 아무래도 직접적인 커뮤니케이션이 필요하기 마련입니다. 이런 경우야말로 샘플 수가 부족해 기준치가 어긋나기 쉽죠.

예를 들어 학교 수업의 휴강 여부가 궁금해 트위터에 '○○대학 휴강'이라고 검색해도 정보가 나오지 않을 수 있습니다. 휴강에 대한 게시물이 올라왔더라도 '○○대학'이라는 단어를 넣지 않고 '오늘 휴강이다!'처럼 주어 없이 업로드되는 것이 일반적이죠. 그럴 때에 대비해 사전에 비공식 트위터 계정 리스트를 만들어 학교, 학과 등과 관련된 사람들의 계정을 추가해둡니다.

프로필에는 학교나 학교명 등을 올리지 않는 사람도 많기 때문에 같은 학교의 사람을 찾는 데 어려움을 겪을 수 있습니다. 하지만 해당되는 계정을 하나라도 발견하면 그 사람의 팔로잉, 팔로워 목록과 댓글을 통해 고구마 줄기 엮듯 줄줄이 관련 계정을 발견할 가능성이 있습니다. 같은 수업이나 교수, 시험 등에 관한 주제로 활발한 대화가 이어지고 있다면 그 계정도 우리 학교 학생의 것일 확률이 높으니까요.

또한 학교 축제나 실습처럼 큰 행사가 있을 때 그 행사를 키워드로 넣고 검색하면 한 번에 많은 동문을 발견할 수도 있습니다. 이런 방법으로 선배들의 계정도 정리해 나갑니다. 그리고 실제로 휴강 여부를 확인할 때나 취업 관련 자료가 필요할 때 그 계정들을 살펴보는 것이죠. '(검색하고 싶은 단어) list: 자신의 계정 / 리스트 명'으로 리스트 내 검색도 할 수 있기 때문에 주변인들만을 모아 검색하는 것도 가능합니다.

저는 여러 차례 이 리스트 내 검색을 반복하여 필요한 로컬 정보를 수집해왔습니다. 일반 검색으로는 좀처럼 찾기 힘든 수업 관련 정보, 예를 들어 '이 수업 학점 따기 좋다' 같은 트윗들을 이 리스트 안에서는 비교적 편하게 찾을 수 있죠. 트윗을 올린 시간대와 강의 시간표 등을 확인해보면 편한 수업을 찾아 자신의 수강 신청에 적용할 수 있습니다.

트위터에서 선배들의 계정을 발견했을 때는 연락을 해봐도 좋을지 모릅니다. 유익한 정보를 알고 있을 테니까요. 부탁받는 상대도 그리 기분 나쁘게 생각하지 않는 경우가 많으니 대부분 친절하게 가르쳐주지 않을까요?

저자의 트위터 리스트의 예

이러한 독자적 리스트 검색은 다른 목적으로 응용해 쓸 수도 있습니다. 예컨대 변호사들만 모아 비공개 리스트를 만드는 것이죠. 법적으로 궁금한 일이 생겼을 때 리스트 내 검색을 통해 전문가들이 이 문제에 대해 어떤 트윗을 올리고 있는지 추출해 낼 수 있습니다. '○○ 업계 사람들은 이 뉴스에 대해 어떻게 생각하고 있을까' 등의 동정을 살피기에도 유용합니다. 저는 엔지니어, 투자가, 변호사를 포함해 본업과 관련된 다양한 전문가들의 리스트를 작성해 두고 있습니다.

저자의 트위터 리스트의 예

유익한 정보 발신자를 찾는 버릇을 들인다

내게 도움이 된다고 판단되는 정보를 발견했을 때, 이 발언은 시사하는 바가 크다는 느낌을 받았을 때 저는 곧바로 발신자를 찾아 팔로우합니다. 한 번이라도 그런 인상을 받았다면 그 사람은 앞으로도 자신에게 울림을 줄 가능성이 높기 때문입니다.

팔로우를 결심하는 계기는 타임라인에 흘러들어오는 트윗뿐이 아닙니다. 우연히 텔레비전에서 본 문화계 인물, 읽은 책의 저자, 인터넷 뉴스에서 본 정치가 등 생활 전반에 발견의 기회가 있습니다. 관심이 생기면 그 사람을 찾아 팔로우를 합니다. 이 작업은 제 안에서 습관처럼 자리잡아, 이제는 사고 정지 상태에서도 할 수 있게 되었습니다.

팔로우만 하다 보면 팔로워 수는 적은데 팔로잉만 많은 것처럼 보여 모양새가 나지 않는다는 생각에 저항감을 가지는 분도 있을지 모릅니다. 그럴 경우에는 정보수집용 계정을 별도로 만들면 됩니다. 저도 팔로잉은 천 명인데 팔로워는 수십 명인 정보수집 전용 계정을 가지고 있습니다. 이런 방법을 활용하면 다양한 관점을 기르고 독선적이지 않은 기준치를 갱신해 나갈 수 있습니다.

여기까지는 정보 수집 툴로서의 트위터를 소개했습니다만, 혼자 지내는 사람일수록 보통의 유저들처럼 순수하게 즐기는 방법도 알아야 합니다. 저도 마찬가지지만, 혼자 있는 동안은 잡담조차 하지 않기 때문에 떠오른 생각이나 지금의 감정을 다른 사람과 나눌 기회가 적습니다. 그런 공감을 원할 때 트위터를 검색해보면 자신과 비슷한 생각을 가진 이들을 어렵지 않게 발견할 수 있습니다. 공감대가 있는 사람을 발견하는 것만으로도 어딘가 채워진 듯 즐거움을 느낍니다. 물론 찾지 못할 때도 있지만, 그것은 그것대로 자신이 세상의 최첨단에 서 있는 듯한 감각을 맛보는 기쁨이 있죠.

저자가 정보 수집을 위해 사용하는 실제 계정

```
⊞ 2012년 4월부터 트위터를 사용하고 있습니다.

1,380 팔로우 중          96 팔로워
```

● **2ch(현 5ch)**

2ch은 일본 최대 규모의 익명 게시판으로 트위터보다 더 전문적인 정보를 얻을 수 있는 곳입니다.

peer to peer 파일 공유 소프트웨어로 유명한 Winny(비트코인 개발의 바탕이 되었다고 할 수 있는, 비중앙집권적 시스템) 개발자 가네코 이사무 씨가 2ch의 소프트웨어 다운로드 게시판에 익명으로 글을 올려 유저들과 소통해가면서 개발을 이어가기도 했죠. 이처럼 2ch은 종종 특정 분야의 전문적 커뮤니케이션이 이뤄지는 최전선이 되기도 합니다.

취업 준비를 할 때는 이곳을 통해 업계 관련 조사를 할 수도 있습니다. 단, 작성자 역시 익명이기 때문에 그 코멘트가 어떤 입장에서 작성된 정보인지에 주의하여 조사해야 합니다.

취업을 준비하며 '취준생 커뮤니티'의 글만 보다 보면 깊이가 부족한 정보들밖에 얻지 못할 수 있습니다. 그럴 때 업계별 커뮤니티나 실무자의 글들을 찾아보면 더 구체적이고 깊은 정보를 확인할 수 있죠. 취업 활동에 관해서는 Openwork 등의 기업 리뷰 사이트도 같이 둘러보면 실제 재직 중인 사람들의 불만까지 살펴볼 수 있습니다. 본인이 취업했을 때 예상되는 환경과 대우가 확인되면 그 기업에 취업하는 것이 맞는지, 정말 그곳에서 일하고 싶은지 판단할 수 있지 않을까요.

참고로 2ch는 일반 브라우저로 보면 글의 흐름을 파악하기 어려운데 전용 브라우저 애플리케이션을 활용하면 쾌적하게 볼 수 있습니다. 저는 ChMate를 사용하고 있는데 이 애플리케이션은 툴바 커스터마이징이 가능하기 때문에 개인적으로 자주 쓰는 기능을 설정할 수 있어 아주 편리합니다.

또한 체크하고 싶은 스레드들을 즐겨찾기에 등록해 정리해두면 뉴스 애플리케이션으로도 이용이 가능합니다. 저는 제 본업과 취미, 투자, 지역 등에 관한 스레드를 즐겨찾기로 등록해 정보를 얻고 있습니다.

관심 있는 스레드를 우선적으로 볼 수 있는가, 글쓰기가 가능한가, 오프라인 읽기를 지원하는가 등 애플리케이션에 따라 사양이 다르기 때문에 원하는 기능이 있는 것을 선택해 사용하면 좋을 듯합니다.

여담입니다만, 저는 제 이야기가 올라온 스레드는 가급적 보지 않습니다. 한 번 본 적이 있는데 익명 사이트에는 부정적 의견도 여과 없이 올라오다 보니 하나하나 읽다가는 정신적으로 타격을 받을 것 같더라고요. 개인에 대한 이야기가 올라오는 일은 드물지 몰라도 여러분이 속한 기업이나 학교를 나쁘게 말하는 글 등은 눈에 들어올 수 있으니 관련 스레드는 주의해서 보는 것이 좋겠습니다.

보다 글로벌한 정보를 얻고 싶을 때는 해외판 2ch이라 할 수 있는 Reddit과 같은 서비스를 이용해보는 것도 추천합니다. 영어권을 포함한 다른 문화를 가진 사람들의 가치관을 접하다 보면 자신의 세계도 넓힐 수 있을 것입니다.

ChMate 화면

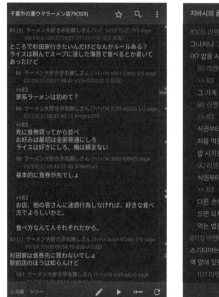

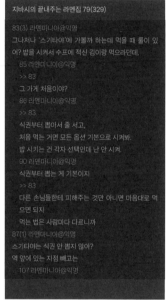

● 구글

트위터와 2ch이 자신의 잠재적 성장을 위한 정보 모으기에 이용된다면, 구글 등의 검색 엔진은 목적이 정해진 검색의 툴로 활용되는 사례가 많은 듯합니다.

구글만 충분히 활용해도 프로그래밍 업무 등을 실무 레벨로 행할 수 있습니다. 프로그래밍은 전문 교육 기관에서 처음부터 하나하나 배워야 한다고 알고 있는 분도 많을 텐데 대부분의 엔지니어는 필요한 정보를 그때그때 스스로 검색하고 있습니다.

예전보다는 많이 좋아졌지만, 분야에 따라서는 구글에서 무언가를 검색해도 근거나 출처가 불분명한 요약 뉴스밖에 찾지 못하는 경우가 있습니다. 그럴 때는 다음과 같은 도메인으로 소스를 추려 정확한 정보를 얻어보시기 바랍니다.

검색어 site:ac.jp (대학)

검색어 site:or.jp (비영리법인)

검색어 site:go.jp (정부)

예를 들어 '수소수'라는 키워드로 검색을 해보면 수상쩍은 이론을 늘어놓은 게시물이나 관심도 없는 쇼핑 사이트 등이 쏟아져 나올 것입니다. 그런 것들을 피해 신뢰성 있는 정보만을 걸러내고 싶을 경우에는 '수소수 site:ac.jp'라고 검색하면 '수소수'에 관해 학술적으로 조사한 기관의 자료를 구할 수 있습니다. '검색어 filetype:pdf'라고 찾아보면 PDF 정보만 골라 검색할 수도 있죠. 이쪽 역시 신뢰할 수 있는 기관에서 제공된 정보가 나올 확률이 높습니다. 대학 리포트 등에 이용할 참고 문헌을 찾는다면 위키피디아에서 검색한 후 출처가 된 책을 도서관에서 확인하는 방식도 효율적일 수 있습니다.

단, 출처가 없는 위키피디아의 내용을 그대로 참고 문헌으로 삼는 일만큼은 피합시다. 위키피디아는 누구나 자유롭게 내용을 편집할 수 있어 전문 지식이 없는 사람이 확인되지 않은 글을 썼을 가능성도 높으며 정보의 정확성을 보장할 수 없습니다.

Wikipedia 출처의 예시

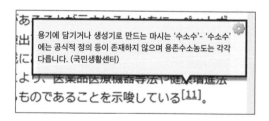

위키피디아에서 '숫자'로 표시된 링크는 출처로 이어지는 링크입니다. 위키피디아의 출처에는 어느 정도 권위가 있는 기관의 페이지나 논문, 서적이 기재되어 있는 경우가 많으니 그쪽을 직접 조사해 리포트의 참고로 삼도록 합시다.

● 질문 사이트의 '지식인'들에게 도움을 받는다

지금까지 소개한 검색 방법만으로는 도저히 답을 찾지 못하는 경우도 간혹 있습니다. 그럴 때는 다른 사람에게 질문하는 사이트를 이용합니다.

무료 서비스로는 'Yahoo! 지혜주머니', '인력 검색 하테나' 등이 있고 엔지니어링 분야라면 'teratail', 'Stack Overflow' 같은 질문 사이트가 있습니다. 이런 사이트에서 찾은 답은 신뢰성이 없다고 폄하할지도 모르지만, 저는 정성을 들인 답변과 힌트가 될 만한 정보를 많이 얻었습니다. '돈을 낸 것도 아닌데 어떻게 이렇게까지 가르쳐 주지?' 싶을 정도로 열심히 답을 해주는 사람을 여럿 만났죠.

학교에서 도저히 해법을 찾을 수 없는 문제에 부딪혔을 때 'Yahoo! 지혜주머니' 등에서 답을 찾았던 경험도 몇 번이나 있었고요. 답변을 해준 사람 중에는 질문자를 무시하는 태도를 취하거나 악의를 드러내는 이들도 있지만, 가장 도움이 되는 답변을 제공한 '베스트 앤서'로서의 자격을 얻기 위해서는 그에 상응하는 대답을 해야 하기 때문에 친절하게 응답하는 경우가 더 많을 것입니다.

양질의 답변을 받기 위한 노하우는 '스스로 이 정도까지는 알아봤는데, 이 부분을 모르겠다' 하며 명확한 질문을 제시하는 것입니다. 답변에 대한 모든 것을 상대에게 떠넘기는 인상을 풍기면 '조금만 찾아봐도 알 수 있습니다'라는 식의 전혀 도움이 되지 않는 답변만 돌아오기도 하니까요.

● 비용을 지불하고 도움을 받는다

무료 사이트에서 만족할 만한 답변을 얻지 못했다면 비용을 지불하고 의뢰를 하는 방법도 있습니다. 일본을 예로 들자면 '비자스쿠', '클라우드 웍스', '랜서스', '고코나라' 등의 클라우드 인재 서비스에서 해당 과제에 정통한 사람을 찾아 의뢰하는 것이죠. 저도 대학 시절 도저히 이해할 수 없는 문제가 있어 약 8,000엔의 돈을 내고 해설을 들었던 적이 있습니다. 인터넷에서 다양한 정보를 얻는 시대이기는 하지만 사람과의 직접적인 커뮤니케이션을 통해서만 알 수 있는 정보도 분명히 존재합니다.

저는 한때 친구가 생기지 않아 '혹시 나한테 구취나 안 좋은 냄새가 나서 사람들이 가까이 오지 않는 건 아닐까?' 하는 가정을 했던 적이 있습니다. 본인은 자기 냄새를 못 느낀다고

들 하길래 이런 가능성도 생각해본 것입니다. 대학생이 된 후 아르바이트를 하는 곳에서 장난처럼 냄새 때문에 불안한 마음을 털어놓자 동료가 "냄새 하나도 안 나"라고 말해주었지만 이런 질문을 할 만한 상황이나, 물어볼 대상이 없는 경우도 있겠죠.

그럴 때는 '렌털 오지상', '렌털 카노죠' 같은 시간제 사람 대여 서비스를 이용해보는 것도 방법입니다. 이용하기에 조금 부끄러울지는 몰라도 확실한 목적을 가지고 돈을 지불하는 시스템이니 건조한 관계 속에서 객관적인 정보를 얻을 수 있지 않을까요?

이성과의 대화가 서툰 사람은 렌털 서비스를 이용하여 커뮤니케이션 연습을 할 수도 있겠죠. 대화의 경우, 온라인으로 통화할 수 있는 애플리케이션들도 있으니 그런 서비스를 통한 연습도 가능합니다. 혹시 몰라 언급해 두는데, 저는 아직 사람 대여 서비스를 직접 사용해본 적이 없기 때문에 이 내용만큼은 상상을 기반으로 적었습니다.

● 중립적으로 파악한다

몇 가지 정보 수집 방법을 소개했습니다만, 정보를 습득할 때는 과연 그 출처가 신뢰할 만한지, 이를 반박하는 또 다른 자료는 없는지 스스로 판단하도록 합시다. 본인이 깨닫지 못하는 사이 한 방향으로만 치우친 정보를 모으는 경우도 있습니다.

예컨대 취업 준비를 할 때도 주의가 필요합니다. 기업의 공식 계정은 비교적 좋은 정보만 올리기 마련입니다. 채용 담당 인사들도 '우리 회사는 야근이 많지 않다', '전공이나 관심사와 관련 없는 부서에 소속될 위험이 거의 없다', '성장할 수 있다' 등 달콤한 말들만 늘어놓기 일쑤죠. 반면, 기업 관련 익명 게시물 등을 살펴보면 인사 담당자의 이야기와는 전혀 다른 분위기의 글이 올라오는 경우도 있을 겁니다.

전형이 후반까지 진행되다 보면 '이 글을 쓴 사람이 예민한 걸지도 몰라' 혹은 '뭐, 입장에 따라 회사에 대한 인상이 다를 수도 있지'라면서 그 정보를 과소평가하며 자기 마음이 편한 쪽으로 결론을 내릴 수도 있습니다. 그러나 안타깝게도, 기업과 관해 떠도는 안 좋은 소문은 사실일 확률이 더 높은 것 같습니다. 입사 제안을 수락하고 회사에 다니다 그 악평과 똑같은 이유로 불만을 품고, 예전에 봤던 부정적 정보를 과소평가한 일을 후회하는 사람도 많죠.

고독하게 인터넷만으로 정보를 모으다 보면 '왠지 나는 괜찮을 것 같다'라는 막연한 편견이 생기기 쉽습니다. 입사 전에 실제로 그 기업에서 일하는 사람에게 의견을 들을 수 있다면 좋겠지만, 인터넷으로만 정보를 수집할 경우에는 기본적으로 모든 악평을 믿는 자세를 유지하는 것이 자기방어의 요령이라고 생각합니다.

본모습은 알 수 없지만 뭔가 대단해 보이는 인상을 주는 계정의 트윗에 매료되어 버리는 패턴 역시 흔합니다. 저는 학창 시절, 트위터에서 본 '뭔지 모르겠지만 굉장해 보인다' 싶은 몇 개의 익명 계정에 홀려 주야장천 트위터만 들여다보던 적이 있습니다. 부끄럽지만 그런 계정에서 '인터넷으로 큰돈을 버는 법' 같은 고액의 정보를 구입하기도 했죠. 과연 그 내용이 참고가 되었는가에 대해서는 언급하지 않도록 하겠습니다.

사회인이 된 지금 그런 익명 계정의 트위터를 다시 훑어보면 그저 흥미를 끌기에만 급급하거나, 부추기기만 하는 내용들도 많은데 당시에는 왜 그렇게 그럴듯해 보였을까요. 수상한 익명 계정이 예전보다 더 넘쳐나는 세상이니 요즘 학생들은 그 정도에 혹하지 않을지 모르지만, 괜스레 숭배를 하거나 고액의 정보 상품을 구입하는 일이 없도록 주의합시다. 내가 믿고 있는 정보원이 반드시 맞는 말만 한다고는 장담할 수 없으니까요.

아웃풋을 통해 나를 드러낸다 / 쓰기와 만들기

아무리 고독한 인간이라도 사회에서 살아남을 무기인 모종의 사회성은 몸에 익힐 필요가 있습니다. 그 사회성은 누군가와 소통하지 않으면 기를 수 없고, 친구가 없으면 발전할 기회 역시 극단적으로 적어집니다.

　사교성으로 승부할 수 없다면 다른 부분에서 차별화가 되어야 주변과 비슷한 수준에 도달할 수 있다고 막연히 생각해왔는데요. 저는 고독한 사람이 사회와 이어져 소통하는 수단으로 '쓰기'와 '만들기'라는 아웃풋을 추천합니다.

　특정 인물과 동시에 커뮤니케이션하는 '동기적(同期的) 커뮤니케이션'과는 달리 트위터, 블로그, 유튜브처럼 한쪽에서 업로드한 내용을 누군가가 자유롭게 보러 오는 수동적인 동시에 비동기적인 커뮤니케이션에서는 논점이 어수선해 무슨 말인지 못 알아듣는다거나, 갑자기 화제가 바뀌어 제대로 의견을 전하지 못하는 등의 문제에 부딪힐 일이 없습니다. 차분하게 이야깃거리를 구성할 수 있는 시스템이기 때문에 어떤 의미로 자신을 꾸밀 수 있죠.

저는 항상 밝은 모습으로 충실하게 일상을 사는 내용을 주로 업로드하는 계정의 주인이 동기 중 한 명이라는 사실을 알게 된 적이 있습니다. 실제로 그는 매우 어른스러운 오타쿠 성향의 인물이었죠. 아웃풋의 힘을 활용하면 사회성도 꾸며 낼 수 있다는 것입니다.

내향적인 사람은 늘 자신과의 대화를 거듭하기 때문에 자기 나름의 축과 윤곽을 가지고 있을 것입니다. 그러다 보니 신중히 생각한 후 행동하고 표현하는 능력이 뛰어날 확률이 높죠. 상처받기 쉬운 성향과 일일이 남의 반응을 신경 쓰는 섬세함도, 사람들이 이 콘텐츠를 어떻게 받아들일까 하며 타인의 심정을 깊이 살필 수 있는 방향으로 활용하면 '커뮤니케이션 능력의 탁월함'으로 바꿀 수 있습니다.

고독함을 느끼다 보면 '나는 아무것도 할 수 없다', '나 같은 놈은 별수 없다' 하는 생각에 빠지기 쉽습니다. 그런 상황에서 자신의 아웃풋이 누군가에게 도움이 되면 본인의 행복지수도 높아질지 모릅니다.

● 알기 쉽고 가치 있는 아웃풋

사회에 나온 후 알게 된 사실인데, 생각보다 글로 커뮤니케이션하는 능력이 뛰어난 사람이 많지 않더군요. 메일이나 메시지를 쓸 때 취지가 명확하지 않은 이들도, 문해력이 떨어지는 사람도 많습니다. 글을 쓰는 자체가 번거로운지 '직접 만나서 말하고 싶다', '전화로 이야기해도 되겠냐?'라는 말부터 꺼내는 사람도 있고요.

회의만 하면 업무가 진행될 것이라고 믿는 사람들도 간혹 있습니다. 회의를 하면 '뭔지 모르게 일하는 기분'은 들지 몰라도, 충분히 생각하고 사고할 수 없기 때문에 오랫동안 이야기를 나눠도 제대로 성과를 내지 못한 채 무의미한 시간만 허비하는 경우가 많습니다. 요즘은 업무 개혁으로 재택근무를 하는 곳이 증가함에 따라 '뭔지 모르게 일하는 기분'만 내는 사람과 제대로 일하는 사람의 차이가 드러나고 있는 것 같기도 합니다.

알기 쉽고 가치 있는 아웃풋을 만들어내기 위해 유념해야 할 두 가지 포인트로 ① 요소의 분해 ② MECE(누락 없이, 중복 없이)를 의식한 구조화에 관해 이야기해보려 합니다. 내향적인 사람 중에 아웃풋에 강한 사람이 의외로 많아서 그런 분들에게는 지금부터 소개하는 내용이 다소 당연하게 느껴질지도 모릅니다.

이런 요령은 글쓰기뿐 아니라 동영상 제작 등의 영역에서도 똑같이 적용됩니다. 동영상 시청 역시 시간의 축에 따라 글을 읽는 것과 비슷하기 때문에, 콘텐츠 제작 또한 글로 하는 아웃풋과 큰 차이가 없습니다. 우리는 소설가나 작사가가 아니니 문학적이고 감성적인 아름다운 글을 써야 할 필요는 없습니다. 필요한 것은 사람들이 이해하기 쉬운 아웃풋을 만드는 일입니다.

● **요소를 분해하여 글을 쓴다**

우선, 한 덩어리로 뭉쳐진 주장하고 싶은 내용을 브레인스토

밍과 비슷한 형식으로 키워드 단위로 적어 사고를 분해합니다. 종이에 써도 상관없지만 소프트웨어를 이용하면 이후의 과정인 '구조화' 단계가 편해집니다.

저는 XMind라는 마인드맵 작성 프로그램을 주로 사용합니다. 마인드맵은 기억을 정리하거나 아이디어를 떠올리기 쉽도록 도식화하는 것을 뜻합니다. 마인드맵을 작성하는 소프트웨어의 종류는 다양한데 XMind는 심플하면서도 조작이 편해 처음 마인드맵을 작성하는 사람도 쉽게 사용할 수 있습니다.

마인드맵

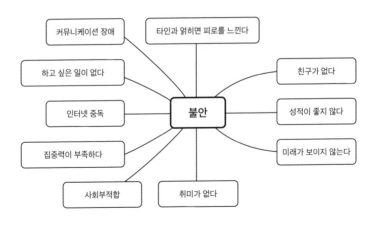

예를 들어 자신이 느끼는 불안에 대해 정리해본다고 합시다. 우선 앞의 그림처럼 불안과 관련해 떠오르는 요소나 표현하고 싶은 내용들을 적어봅니다. 이때 '아무튼 너무 괴롭다'와 같이 분해의 입자가 지나치게 큰 내용을 써 버리면 나중에 발신의 형태를 갖추려 할 때 내용도 명료하지 않고, 무슨 이야기를 하고 싶은지도 알 수 없는 모호한 콘텐츠가 되어버립니다. 그러니 최대한 구체적으로 적는 것이 좋습니다.

이 단계에서는 구조에 대해 생각하지 않아도 됩니다. 무엇과 무엇이 연관성을 가지는가 같은 구조적 연결은 신경 쓰지 말고 떠오른 내용들을 적어 내려갑시다. 아웃풋을 위해서기는 하지만 자신과 혼연일체 상태인 감정을 풀어내다 보면 자신의 기분을 냉정하게 관찰하고 판단할 수 있게 됩니다. 복잡한 사물을 다양한 단면으로 분해하면 본질이 드러나기도 하고, 그것이 곧 논리적 사고의 기반이 되기도 합니다.

● 'MECE'를 의식한 구조화

이제 적은 내용들 사이에서 관련이 있는 것들끼리 묶어 피라미드 형태로 구조화해봅시다. XMind에서는 드래그 & 드롭으로 연결이 가능합니다. 이때 'MECE적인 구조화'에 신경 쓰며 연결하고, 수시로 요소들을 추가합니다. MECE란 누락도 없고, 중복도 없는 상태를 뜻합니다. 현실적으로 모든 요인을 누락도, 중복도 없이 완벽하게 추출하는 것은 어려울지 모르지만 최대한 의식하며 요소의 세분화와 그룹화를 진행합니다.

요소의 세분화와 구조화 작업이 끝났다면 다음은 그것들을 아웃풋 가능한 형태로 정리할 차례입니다. 글이나 동영상처럼 시간적 흐름에 따라 직선상으로 발신할 수 있는 형태로요. 이 역시 헤드라인을 정리할 수 있는 아웃라인 프로세서 툴을 사용하면 편리합니다. 구체적인 예로는 워드 프로세서나 구글 도큐먼트 등이 있겠는데요. 컴퓨터만 사용한다면 워드 프로세서만으로도 문제가 없겠지만, 개인적으로는 스마트폰에서의 확인과 공동 편집이 용이한 구글 도큐먼트를 추천합니다.

요소의 구조화

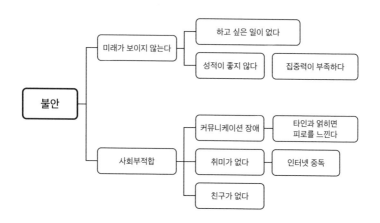

먼저 마인드맵으로 정리한 요소를 각각의 헤드라인으로 잡고 직선적인 정보로 볼 수 있게 합니다. 큰 틀이 정해지면 각 챕터와 그 소제목에 번호를 매깁니다. 구조 속에 누락과 중복이 없는지 반복 확인하고 필요에 따라서는 헤드라인의 라벨을 변경하거나 분리해 나갑니다. 동시에 각각의 항목을 설명하는 글에 살을 붙입니다.

구글 도큐먼트는 사이드바에 자동으로 목차가 표시됩니다. 워드 프로세서도 설정만 해두면 항상 구조를 의식할 수 있어 편리하죠. 다음의 캡처 이미지처럼 챕터마다 번호를 매기고 챕터 안에 소제목을 설정하는 것은 논문 등에서도 자주 보는 구조입니다. 대학생분들은 대학 논문을 작성할 때도 활용할 수 있을 것입니다.

저자가 사용하는 구글 도큐먼트의 화면

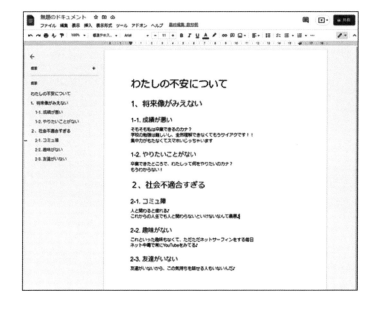

이 책의 원고를 쓸 때도 필요한 항목을 이렇게 정리했다.

제 5 장

'음'의 미래

이 책을 여기까지 읽어주신 분 중에는 '비록 고독하더라도 긍정적으로 지낼 수 있다'라는 생각을 갖게 된 분도 계시지 않을까요?

이제 고독한 사람, 음 타입 인간의 밝은 미래에 대해 이야기하며 기분 좋게 이 책을 마무리 지어볼까 합니다. 자신에게 맞는 선택을 하고 '나답게' 인생을 살아냄으로써 불필요하게 상처받을 가능성을 줄여 나갑시다.

불안 없이 평온한 생활이란

고독한 사람, 특히 내향적인 사람은 어떤 면에서는 기존의 생물 이미지에서 진화한, 새로운 타입의 생물이라고도 표현할 수 있습니다.

제1장에서는 내향적 인간이 '대뇌신피질'을 우선적으로 작동시킨다는 이야기를 했었는데요. '대뇌변연계'는 본능과 감정을 관장하는 부분이고, '대뇌신피질'은 사고와 이성을 관

장하는, 다른 동물들에 비해 인간이 가장 발달한 부분입니다.

다양한 설이 있지만, 현 인류는 약 4억 년 전, 모든 척추동물의 공통적 조상이 탄생한 후 분기와 진화를 거듭해 약 20만 년 전 탄생했다고 알려져 있습니다. 이 진화 과정에서 선조 인류들의 '대뇌신피질'이 점차 발달했다는 것에 비추어보면 그 진화는 당연히 현재진행형이고 본능 및 감정을 희생해서라도 논리적 사고와 이성을 우선할 수 있는 내향적 인간이야말로 새로운 타입의 생물이라고 볼 수 있지 않을까요.

● 음이 개척하는 세계

르네상스 전성기를 대표하는 레오나르도 다빈치는 모나리자로 유명한 예술가지만 과학, 해부학, 공학 등의 분야에서도 폭넓게 재능을 발휘한 인물입니다. 그러나 말주변이 없고 변론에 서툴렀으며 외국어는 전혀 못 할 정도로 암기력이 떨어졌다고 하죠. 상대성이론을 시작으로 다수의 이론을 제창한 물리학자 알베르트 아인슈타인 또한 어린 시절 말이 더뎠고 뻑하면 울컥 짜증을 냈으며 학창 시절 지진아로 분류되기도 했다고 합니다.

각자에게서 드러나는 특징을 바탕으로 우리는 그들이 모두 내성적 인간이었다는 것을 미루어 짐작할 수 있습니다. 하지만 좋아하는 것을 열정적으로 추구하고 원하는 일에 주력하며 그 분야에서 압도적인 탁월함을 보였기 때문에 성공한 사람으로 역사에 이름을 새기게 되었습니다. 이처럼 내향적인 기질임에도 특정 분야에 높은 능력을 가진 사람들은 얼마든지 존재합니다.

전 세계 증권계에서는 수년 전부터 AI의 도입이 가속화되고 있으며 증권 전문가의 작업보다 예측 AI에 의한 트레이딩이 중시되고 있습니다. 그 AI를 개발하는 이들은 음 캐릭터의 성향을 띠기 쉬운 이공계의 사람들이고요.

또한 'GAFA'라고 불리는 소수의 사람이 거액의 돈을 창출하는 시스템이 생기고 있는데 그 배경에는 앞선 예와 마찬가지로 '인터넷 오타쿠'의 존재가 있었으리라 예상 가능합니다. 'GAFA'는 미국의 IT 관련 대기업 4사 '구글', '애플', '페이스북(현 메타 플랫폼즈)', '아마존'의 이니셜을 딴 조어입니다. 이 비즈니스들은 현재 웹 생태계 및 IT 관련 서비스의 토대가 되고 있으며 우리 생활에 없어서는 안 되는 존재로 자리 잡았습니다.

20세기까지의 대기업은 일자리 수와 이익이 직결되어 있었습니다. 무언가를 만들어내고 작동시키려면 '맨 파워'가 필요했기 때문이죠. 그러나 IT 기업에 의한 방대한 데이터의 수집 및 활용이라는 비즈니스 모델은 그렇게 많은 수의 인재를 고용하지 않아도 성립합니다. 그토록 거대한 비즈니스 시스템을 수익 대비 적은 인원으로 이뤄내는 것도 형태가 없고 지렛대 효과가 있는 IT의 특성 때문이겠죠.

GAFA를 비롯한 IT 기업들은 빠르게 진행되는 기술화에 힘입어 더욱 크게 비약할 것이며 앞으로도 전 세계 비즈니스에 영향을 미치는 존재로 남을 가능성이 높습니다. 그 밖에도 프리랜서 시스템 엔지니어나 프로그래머, 유튜버 등의 개인 크리에이터, 음악이나 그림, 조각 작품을 만드는 아티스트 등 조직에 속하지 않고 활약하는 음 타입의 인재들이 많다는 사실은 말할 것도 없죠.

학문, 예술, 비즈니스 시스템 등 다양한 분야에서 능력을 발휘하는 음 타입 인재들이 존재하며 그들이야말로 새로운 세계를 탄생시키는 한 축을 담당하고 있다는 것은 틀림없는 사실입니다.

● 사회적 성공만이 사람의 가치를 결정하는 것은 아니다

'다른 친구들에 비해 안 좋은 대학에 들어가서 동창회에 나가는 게 부끄러워.'
'연봉이 낮으니 약자가 된 듯한 기분이 들어.'

혹시 이런 콤플렉스를 가져본 적 없나요? 입시, 연봉 등 객관적인 경쟁에는 항상 '이기고 지는 것'이 존재하지만, 그렇다고 눈에 보이는 경쟁의 결과만이 인간의 가치를 결정하는 것은 아닙니다.

연예인이 스스로 목숨을 끊었다는 뉴스를 접하면 우리는 '왜 그 사람이? 저렇게 사회적으로 인정받고 화려한 삶을 살면서'라는 의구심을 품기 쉽습니다. 그러나 그 뉴스의 배경을 더듬어보면 누구에게나 사회적 지위로만은 치유되지 않는 불안이 생길 수 있다는 사실을 알 수 있죠.

그러니까 중요한 점은 다니는 회사와 학력 등 타인의 축에 따른 경쟁에서의 좋은 결과, 즉 사회적 성공이 아니라 자신의 축에서의 승리인 '자기 충족'입니다. 그렇다면 여기서 말하는 자신의 축이란 무엇일까요.

구직 활동을 예로 들어볼까요? 취직할 때는 어떤 기업에 들어가면 좋을지 다른 사람에게 답을 구하기보다 '나한테 좋은 기업은 어떤 곳일까', '참고가 되는 지표는 무엇일까' 등을 스스로 판단하는 경우가 많을 것입니다. 이처럼 자기 나름의 답을 생각하고 분석하는 과정이 곧 자신의 축을 중심으로 한 사고입니다. '이 일은 내 적성에 맞아', '하다 보면 즐거워'라는 생각이 드는 일을 스스로 찾아 실행해 나가는 것이죠.

이에 반해, '저 기업에 들어가면 부모님이 칭찬하겠지'라는 생각에 좌우되거나 인터넷에서 막연히 좋은 이미지를 띠는 기업의 '취업 편차치'를 곧이곧대로 받아들여 무작정 목표를 높게 잡고 보는 행동 같은 것은 타인 축의 경쟁에 참가하고 있다고 할 수 있죠. 자신의 축이라는 기준을 가지고 원하는 길을 걷다 보면 반드시 마음 편한 삶이 기다리고 있을 것입니다.

● 음이든 양이든 아무래도 상관없다

자신의 일상에서 기쁨을 추구하다 보면 친구가 적다든가, 내성적이라든가 하는 문제는 솔직히 아무 상관도 없어집니다. 저는 돈을 벌고, 재미있는 일을 하고, 푹 자고, 맛있는 음식을 먹고, 오락도 즐길 수 있으면 그것으로 충분합니다. 학창 시절에는 생명줄처럼 여기던 친구라는 존재의 우선도도 낮아지고 고민도 적어졌기 때문에 제 스스로가 이런 것들을 콘텐츠 소재로 소비할 수 있게 된 면도 있다고 생각합니다.

매일 '나는 음 캐릭터야', '커뮤니케이션 장애가 있어', '외톨이야'라고 자학하고 스스로의 마음에 상처를 입히면서 살아갈 수는 없습니다. 어른이 되고 나서는 '중학생 시절, 아무리 애써도 50미터 달리기를 이길 수 없었던 그 녀석에게 꼭 되갚아 줄 거야…' 같은 생각을 더 이상 하지 않는 것과 마찬가지죠.

저도 그리 유명한 기업에 취직한 것은 아니었기 때문에 충실하게 대학 생활을 하고 좋은 회사에 들어간 인싸들에게 '언젠간 이겨보겠다'는 마음을 가지고 있었지만, 시간이 몇 년 흐른 지금은 솔직히 아무 생각도 들지 않습니다.

당장은 친구도 별로 없고 내향적인 성격에 고민 중이더라도 멀지 않은 곳에 기쁨의 씨앗이 굴러다니고 있을지 모릅니다. 그곳으로 시선을 돌리면 의식을 바꿀 수 있고, 언젠가 그런 고민 따위 아무 상관도 없게 될 확률도 크다고 생각합니다.

'혼자의 힘'을 살려 진로와 직업을 선정한다.

고독한 사람이 안고 있는 커다란 불안들은 예를 들면 다음과 같은 것 아닐까요?

> '앞으로 내가 사람들과 어울려 돈을 벌며 살아갈 수 있을까.'
> '집단에 적응하지 못하고 길거리를 헤매다 노숙자가 되는 건 아닐까.'

생사와 직결되는 문제라는 생각에서 오는 불안과 그 스트레스는 상당히 클 것입니다. 여기서부터는 개인적으로 고독한 사람에게 잘 맞는다고 생각하는 일들에 대해 이야기하도록 하겠습니다.

● 개인의 힘이 커지는 시대

인터넷이 보급됨에 따라 앞으로는 개인의 힘과 영향력이 더 커질 것이라는 이야기를 여기저기에서 듣습니다. 그 배경으로는 트위터나 인스타그램 같은 SNS에 의해 개인의 메시지 전달 능력이 향상된 점과 크라우드 펀딩, 이커머스, 광고 등 과거에는 상장 기업이나 방송국 등의 큰 조직들만 취급하던 툴이 일반에 개방되어 개인의 기술로 다양한 것들을 형태화 시킬 수 있다는 점 등이 있습니다.

인터넷으로 돈을 번다고 하면 아무래도 유튜버나 인스타그램의 유명 인플루언서 등을 떠올리기 쉽지만, 실제로는 그 외에도 여러 분야에서 개인의 기술과 노하우를 판매할 수 있는 시스템이 자리를 잡아가고 있습니다. 그 결과 실력과 매력을 갖춘 사람이 더 크게 활약할 수 있는 세상이 되었죠.

이것은 일시적 트렌드라기보다 예전부터 계속되어 온 역사적 동향에 가깝다고 생각합니다.

과거 왕족이나 교회 등이 독점하던 권력은 시대가 바뀜에 따라 인권이라는 이름으로 일반 시민들에게 옮겨갔습니다. 재산이나 성별에 따라 제한되었던 선거권은 서서히 모든 사람에게 부여되기 시작했죠. 권력이 보다 작은 단위로 분산되는 것은 역사의 큰 흐름입니다.

마찬가지로 자본가가 노동자를 착취하는 구조, 개인이 회사에 의존하는 시스템에도 변화가 생기고 있습니다. 기술을 가진 사람은 개인적으로 그 능력을 살려 비즈니스에 도전하

기 쉬운 사회가 되었죠. 혼자 살아가려는 사람에게 이런 흐름
은 커다란 기회가 되지 않을까요?

● 혼자 할 수 있는 일을 찾는다

최선의 시나리오는 혼자 일할 수 있는 직업을 구하는 것입니
다. 사람들과 부딪히지 않고도 살아갈 수 있는 방법을 찾는
쪽이 보다 편하고, 행복하고, 효율적인 선택일 수 있습니다.
타인과의 교류를 최소화하는 것은 사람을 좋아하지 않는 고
독한 이들이 자신을 지키는 수단이자, 세상에 민폐를 끼치지
않는 나름의 방법이기도 합니다.

　과거에 타인과 특별히 부딪히지 않고 할 수 있는 일의 대
부분은 작가, 예술가, 연구자 등 높은 능력이 요구되는, 좀처
럼 되기 어려운 직업들이었습니다. 적성 검사에서 추천 직업
으로 철학가나 과학자 등이 나와 너무 비현실적이라고 느꼈
던 분들도 많을 것입니다.
　하지만 개인의 힘이 커지고 있는 인터넷 사회에서는 비록
조금씩이지만 혼자서 완수할 수 있는 일의 폭이 넓어지고 있

습니다. 지금까지 과학자나 예술가 등의 전문가와 소위 말하는 '오타쿠'를 구분 짓는 기준은 그 취미가 직업과 연결되어 있는가 혹은 대학이나 연구실 같은 사회적 소속이 마련되어 있는가 정도였습니다. 과학자나 예술가도 외톨이 오타쿠와 마찬가지로 자기 방에 틀어박혀 자신이 좋아하는 일에만 몰두했지만, 연구 결과를 발표하고 작품이 평가받았다는 점에서 그 사회적 입장의 차이를 부여받았죠.

하지만 오늘날은 그 경계가 모호해지고 있습니다. 애니메이션 오타쿠는 과거, 사회에 도움이 안 되는 일에만 열중하는 '그렇고 그런 오타쿠'에 머물렀지만, 현재에는 특정 분야의 지식을 끝까지 파고들어 인터넷 활동 등을 통해 인정을 받으면 '전문가'로 간주되어 경제 활동의 기회를 얻을 수 있습니다. 유튜브에서 애니메이션 해설 채널을 만들어 광고 수입을 얻거나 다양한 미디어에 글을 기고해 원고료를 받을 수도 있죠.

만화가나 소설가를 지망하는 경우라면 SNS나 투고 사이트에 자신의 작품을 자유롭게 발표할 수 있습니다. 원고를 들고 출판사에 찾아가거나 공모전의 높은 장벽을 넘지 않아도 공개한 작품이 화제가 되어 프로가 되는 사례가 늘고 있죠. 이러한 인터넷상의 세계는 현실 사회와는 메커니즘이 조금

다릅니다. 획일적이고 주위의 시선을 의식하는 사회이기 때문에 더더욱, 어딘가 광기가 느껴지거나 괴팍한 구석이 있는 사람이 확실한 주목을 받습니다.

어중간하게 인지도가 있는 개그맨보다 한 방면에서 튀는 구석이 있는 일반인이 더 많은 팔로워를 두는 것도 그 증거 중 하나죠. 현실 세계에서는 소수자에 지나지 않는 외톨이가 인터넷에서는 엄청난 지지와 관심을 받는 인물이 되는 것도 같은 맥락입니다. 자신의 실력과 매력을 갈고닦아 광기의 수준까지 끌어올리는 사람은 웹 콘텐츠 제작에 적합하다고 생각합니다.

'나는 그렇게까지는 못해', '당신이야 이미 인플루언서가 되었으니 그런 소리를 하겠지'라고 생각하시는 분도 많겠죠. 저처럼 유튜브 채널을 개설해서 돈을 버는 일은 확실히 조금 극단적인 예일 수도 있습니다. 하지만 오롯이 혼자가 아니더라도 웹 콘텐츠를 만들거나 책을 쓰는 일, 프리랜서 엔지니어링이나 디자인 등 전문성을 살려 혼자 활약할 수 있는 직종들이 여러 방면에서 증가하고 있습니다.

'언젠가는 취직을 해야하니까…' 하는 생각에 무리하게 사회에 스스로를 꿰맞추기 전에 여러 가지 선택지를 검토하고 자신에게 가장 안락함을 주는 삶의 방식을 모색했으면 합니다.

● 조직 안에서 '혼자'를 관철하려면

하지만 혼자 일할 방법을 열심히 모색해봐도 재능과 환경이 따라주지 않으면 대부분의 경우 생계를 위해 어떤 조직에든 속할 수밖에 없습니다.

저도 조직의 일원이 된다는 사실에 저항감을 느껴 대학생 시절 블로거 일을 직업으로 삼으려 시도해본 적이 있지만 수익이 안정적이지 않아 취직을 선택했습니다. 하지만 그런 상황에서도, 조직 속에서 혼자 평온하게 살아가기 위한 몇 가지 방법을 고안해냈습니다. 가짓수가 많지는 않지만 제 경험을 바탕으로 한 몇 가지 방법들을 소개합니다.

● 독립하기 쉬운 업계나 직종을 선정한다

보통 취직이라는 한마디로 뭉뚱그려 표현하지만, 일을 할 수 있는 업계와 업종은 매우 다양합니다. 일단 현재 상황에 맞춰 취직을 하되, 경력을 쌓은 후 독립하기 쉬운 직종을 고르는 것도 하나의 선택지라 생각합니다.

개인적으로 이럴 때 피해야 할 대상은 커다란 자본력을

토대로 하는 분야라고 생각합니다. 저는 대학교에서 전기전자공학을 전공했는데 그 학과에는 전력 회사나 NTT, 미쓰비시, 히다치 등 대기업에 입사하는 사람들이 많았습니다. 비교적 안정적으로 생애 계획을 세울 수 있는 업계였죠.

하지만 재학 중 조사를 해보니 이런 대기업에 들어가면 연구 설비나 공장을 갖출 만한 큰 자본이 갖춰지지 않는 한 독립하여 자기 사업을 하기는 어렵다는 생각이 들었습니다. 그래서 전기 계열 기업에는 취직하지 않겠다는 결론을 내렸죠.

제가 선택한 것은 노하우가 개인에게 집중되기 쉬운 웹 관련 분야였지만 그 밖에도 독립을 목표로 할 만한 업계, 직종은 다수 존재합니다. 실제로 독립을 염두에 두고 있다면 먼저 부업으로 시도해보는 것도 좋은 방법이라고 생각합니다.

● 직장인이 된다면 정답이 있는 업무가 좋다

직종 면에서는 확실한 정답이 존재하는 업무를 선택하는 편이 나을 수 있습니다. 구체적인 예를 들자면, 만들어야 할 내용이 확실히 정해진 엔지니어, 숫자로 정답을 낼 수 있는 경리 관련 업무 등이 해당하겠죠. 정답이 있는 일 대부분은 목적에 맞춰 작업을 진행하는 것에 중점을 두기 때문에 소통이 필수적인 상황에 갇혀 피폐해지는 경우는 많지 않을 것입니다.

반대로 정답 그 자체를 창조해내야 하는 기획, 디렉팅 같은 일이나 정답이 애매한 디자이너 등의 직업은 타인과의 절충이 필요한 작업이 많고 소위 '높으신 분'들이나 고객들과 소통하는 것이 업무의 주가 됩니다. 사람들과 어울리는 것을 좋아하는 이들은 이런 업무가 적성에 맞을지 몰라도 인간관계가 쉽지 않은 대다수의 사람들은 스트레스를 받겠죠.

저는 졸업 직후 '웹 디렉터'라는 직종에 몸담았었는데 정답이 존재하지 않아 사람들과의 면밀한 소통을 계속해야 하는 업무 내용이 도저히 맞지 않았습니다. 그래서 엔지니어에 더 가까운, 비교적 정답이 있는 직종으로 이직했죠. 웹 디렉터 일도 노력하면 어느 정도 소화할 수야 있었겠지만 적성에 맞지도 않는 일에 노력을 쏟아야 한다는 사실이 괴로웠습니다. 서툰 일에 일부러 뛰어들어 부족한 커뮤니케이션 능력을 기르는 것도 고려해봤으나 처음부터 자신의 기질에 맞는 일에 힘을 쏟는 것이 제일 좋은 방법이라고 생각합니다

유튜버 활동을 포함해 정답이 없는 일들은 혼자 할 수 있는 만큼 자유롭고 즐겁지만, 이 또한 누군가에게 고용되어 강제적으로 하려면 스트레스의 원인이 될 것입니다.

● 조직의 분위기를 고려한 직종 선택

제가 졸업 직후에 들어간 직장은 이른바 벤처 기업이라고 불리는 곳이었습니다. 벤처는 대기업에 들어가지 못한 사람들이 어쩔 수 없이 택하는 길이며 연봉도 별로 높지 않고 인력의 레벨도 낮다는 이야기가 인터넷에 떠다닌다는 사실을 저도 알고 있습니다. 일부 납득할 만한 점도 있으니 모든 사람에게 추천할 수는 없겠지만, 개인적으로는 고독한 사람에게 잘 맞는다고 느낀 부분들이 있었습니다.

주변 업계 및 테크놀로지의 변화 스피드가 빨라 매일의 업무가 카오스

고독한 사람은 지금까지 자신의 힘으로 담담하게 계속해온 습관이 있기 때문에 카오스 속에서도 침착함을 유지하며 최고의 퍼포먼스를 보여줄 수 있습니다.

은행을 포함한 전통적 기업에서 자주 볼 수 있는 엄격하게 관리된 구조나 강제적 루틴이 적다.

업무를 스스로의 재량에 맞춰 진행할 수 있습니다.

대화가 서툰 사람이라도 메시지로 하는 커뮤니케이션에는 강점을 가질 수 있습니다.

더 이상 일하고 싶지 않을 때 그만두는 것에 대한 심리적 장벽이 비교적 높지 않습니다.

다만, 똑같은 벤처라도 '사원들끼리 가족처럼 친하게 지내자!' 하는 끈끈함이나 '직장으로 아이를 데려오는 이벤트를 열어봅시다' 같이 다이내믹한 분위기의 회사도 있으니 그런 곳은 피하는 편이 좋겠죠.

지금까지는 주로 회사를 중심으로 한 조직 이야기를 했지만, 더 범위를 넓히면 시골에 사는 사람이 도심으로 나가는 등의 선택지도 있다고 생각합니다. 시골이라는 작은 커뮤니티에서는 직업 선택의 폭이 비교적 좁아, 한 번 자리잡은 불편한 인간관계를 개선하기 어려운 경향이 있습니다. 자신이 원하는 일이 고향에 없거나, 좁은 환경에서 인간관계로 인한 불안과 트러블을 겪고 있다면 이 방법도 고려해보는 것이 어떨까요? 도심에서 새로운 활로를 찾을 가능성도 얼마든지 있으니까요.

행동의 노하우

조직에 속해 있더라도 비교적 자유를 얻을 수 있는, 개인행동을 허용하게 만드는 '호감을 사는 행동'이라는 것이 존재한다고 생각합니다. 저 역시 완벽하게 실천하고 있지는 못하지만 조직 안에서 '혼자'를 관철하기 위해 개인적으로 중요하다고 생각하는 캐릭터와 포지션을 몇 가지 소개해 드리겠습니다.

● **첫 만남에 좋은 인상을 준다**

인지심리학자이자 노벨경제학상 수상자인 대니얼 카너먼은 저서인 『생각에 관한 생각』을 통해 인간에게는 '시스템1(빠른 사고)', '시스템2(느린 사고)'가 있다고 말합니다.

> 시스템1 (빠른 사고) : 직감과 경험을 바탕으로 하며 대부분의 일상적 판단을 내린다.
> 시스템2 (느린 사고) : 집중하여 논리적으로 생각한다.

우리의 뇌는 무언가를 판단할 때 시스템1의 작용에 의한 '왠지 모를 인상'에 의존하는 부분이 상당히 크다고 합니다. 단기적, 실용적, 효과적인 것으로 충분하며 완벽할 필요는 없기 때문입니다. 다시 말해 처음에 상대방에게 좋은 인상을 심어주면 그 이후에는 평범하게만 행동해도 상대방이 알아서 긍정적 해석을 해주기도 한다는 것입니다. 반대로, 한번 '못난 인간'으로 구분되고 나면 그 생각을 뒤집기가 매우 힘들죠.

그러니 처음만큼은 확실하게 긍정적 이미지와 능력 있는 모습을 보여줘서 좋은 인상을 남기는 것이 중요하지 않을까요. 만약 실패하더라도 아무것도 하지 않고 있다가 '못난 인간'이 되어버리는 것과 결과는 다르지 않으니까요.

● 성과를 낸다

모든 조직은 성과를 올리기 위해 존재하며 기업인 이상 이익을 내야 합니다. '모두 다 같이'라는 가치관에 휩쓸리고 싶지 않다면 성과를 보여주는 것이 가장 큰 무기가 됩니다. 조직에 필요한 인재가 되면 조직으로부터 냉대받을 일이 현저히 줄어들기 때문에 개인의 성과가 드러나기 어려운 큰 조직 대신

성과를 보여주기 쉬운 소규모 조직에 들어가는 것도 캐릭터를 구축할 수 있는 방법이라고 생각합니다.

한 번에 수백 명을 대거 채용하는 대기업에서 눈에 띄게 우수한 캐릭터를 차지하려면 상당한 노력이 필요하지만, 채용 인원이 적은 기업일 때는 우수한 인재로 인정받기 위한 난도가 비교적 낮아집니다.

차가운 태도를 보이지 않는다

아무리 조직 내에서 성과를 내는 사람이라도 약속을 어기는 등 태만한 태도를 취하거나 오만함을 보이면 주변인들에게 질투의 표적이 될지 모릅니다. 자신이 그런 분위기를 풍기고 있지는 않은지 늘 객관적인 시각으로 확인합시다.

간단한 업무 소통을 할 때 '알겠습니다'라는 형식적 단답만 하는 습관에 대해서도 생각해볼 필요가 있습니다. 자신의 감정을 겉으로 드러내지 않아 무슨 생각을 하는지 알 수 없는 사람 혹은 차가운 사람이라고 여겨질 수 있습니다. 보디랭귀지를 더하는 것도 좋고 상대방의 좋은 점을 칭찬하는 방법도 있습니다. 때로는 부정적인 감정을 드러내는 것이 오히려 다가가기 쉬운 인상을 주기도 하고요.

답변 앞에 '감사합니다'라는 인사를 덧붙여 온화한 분위기를 풍길 수도 있습니다. 고맙다는 '플러스 감정'은 쑥스러워 입 밖에 내기 어렵지만, 제대로 표현함으로써 얻을 수 있는 것에 대한 기대 역시 플러스 됩니다. 어쨌든 표현한다고 마이너스가 되는 일은 없으니 답을 할 때마다 자연스럽게 나오는 입버릇이 될 수 있도록 습관을 들여도 좋을 듯합니다. 그렇다고 반드시 구김 없고 솔직한 사람이 될 필요는 없습니다. '그렇게 보이는 사람'이 되는 것만으로 충분합니다.

● 겉모습을 정돈한다

'겉모습에 신경 쓰는 걸 보니 자기애가 강한 사람이네', '역시 인싸 아닌가'라고 거부감을 느끼는 분도 계실지 모릅니다. 저도 실은 '외모를 가꾼다' 같은 문장을 쓰는 것이 부끄럽습니다. 하지만 겉모습은 남들 눈에 비치는 내 인상을 조작할 수 있는 중요한 요소입니다. 또한 겉모습을 다듬는 일은 스스로에 대한 긍정적 인지와도 연결되죠.

미국 노스웨스턴대학교에서 진행된 실험을 통해 의사 가

운을 입은 피실험자가 화가용 흰 가운을 입은 피실험자에 비해 집중력이 지속적으로 높아진다는 사실이 밝혀졌습니다. 겉모습에 관한 인식이 자신의 심리에 영향을 준다는 것입니다.

타인에게 긍정적인 인상을 주기 위해, 구체적으로는 다음과 같은 점에 신경 써보세요.

- 미용실에 가서 어울리는 헤어스타일을 찾는다.
- 얼굴의 솜털과 수염 등을 정리한다.
- 눈썹을 다듬는다.
- 치아가 누렇게 되는 것이나 입 냄새를 방지하기 위해 치과를 방문한다.
- 입을 벌리고 있지 않는다.

- 입꼬리를 올린다.
- 손톱이 길어지거나 지저분해지면 깨끗이 자르고 정리한다.
- 안경을 벗고 콘택트렌즈를 낀다.
- 여드름이나 아토피가 고민이라면 피부과에 간다.
- 굽은 등을 편다.
- 수트가 잘 말랐는지 확인한다.
- 냄새에 대해서는 사람들이 잘 지적해주지 않으므로 한 번쯤 주변 사람에게 물어본다.
- 지저분한 신발은 바꿔 신는다.

당연한 이야기들만 나열해 놓은 것 같지만 매력적인 사람으로 살기 위해, 사람들에게 호감을 얻기 위해 신경 써야 할 점들을 정리해봤습니다. 옷에 주름이 많다거나, 겨드랑이가 땀으로 범벅이 되어 있다거나, 올 나간 스타킹을 신고 다니는 등의 사소한 허술함도 사람들에게 '별로인 사람'이라는 인식을 심어줄 수 있습니다. 자기애의 문제가 아니라 자기방어를 위한 준비 혹은 에티켓이라고 여기는 편이 좋겠죠.

겉모습이나 이미지 개선을 위해 본인의 영상을 직접 찍어 객관적으로 보는 것도 추천합니다. 이것은 제가 사회인 연수 등에서 배운 방법인데, 자신이 말하는 모습을 보다 보면 말투의 버릇이나 외관상 보기 싫은 부분을 하나씩 발견하게 됩니다.

저도 유튜브 영상을 막 찍기 시작했을 당시에는 눈에 보이는 스스로의 이런저런 결점 때문에 불쾌한 기분이 들어 제 영상을 보기가 고역스러웠습니다. 하지만 활동을 하면서 무의식적으로 행동의 일부가 개선된 것인지, 이제 조금은 제 영상을 견딜 수 있게 되었습니다.

● 상식적으로 대화하는 요령

대화란 방대한 선택지 안에서 자유롭게 답변할 수 있다는 점에서 복잡할 뿐 아니라 즉흥성까지 요구되기 때문에 지금껏 얼마나 많은 커뮤니케이션 경험을 쌓아왔는지가 관건이 된다고 생각합니다. 좋은 리듬으로 즐겁게 대화 할 줄 아는 사람은 지금까지의 소통 경험에서 좋은 반응을 얻었던 답변을 패턴화하여 반복하고 있는 것 아닐까요?

제가 대화의 요령에 대해 말하는 것도 우습지만, 제 나름대로 유용하다고 생각하는 말하기 요령 세 가지를 소개해 드리겠습니다.

타인과의 커뮤니케이션 경험이 많지 않으면 오직 필요에 의해서 대화를 하기 때문에 대화에는 반드시 의미가 있어야 한다고 생각하기 쉽지만, 사실은 대화 그 자체가 목적인 경우도 얼마든지 있습니다. 그 순간만 떼어놓고 보면 딱히 의미 없게 느껴지는 대화일지라도 장기적으로 보면 원활한 관계를 위한 수단으로 충분히 의미가 있을 수 있죠. 어색한 침묵이 흐르는 상황에서 차마 그 자리를 벗어나지 못해 어쩔 수 없어 잡담을 나누는 일도 있을 테고요.

그런 잡담들은 대화 그 자체가 목적이기 때문에 반드시 사실만을 전할 필요는 없습니다. 예를 들어, 회식 자리에서 '쉬는 날 뭘 하며 지내는가'라는 주제가 나왔다고 합시다. 의사소통에 익숙하지 않은 사람들은 정확한 사실만을 전하느라 '잠만 잔다', '아무것도 안 한다'라는 식으로 대답해버리기 십상입니다. 하지만 이렇게 되면 상대방이 대화를 이어가기 어려워지기 때문에 잡담으로써 제대로 된 기능을 못 하게 됩니다. 이 경우에는 대화를 이어가는 것 자체가 목적이고 상대방도 이야깃거리를 찾기 위해 질문을 하는 상황이기 때문에 깊게 파고들기 쉬운 대답을 하는 편이 좋습니다.

저는 사회인이 되어 '스키가 스키スキーが好き(스키를 좋아해요)', '요쿠 료코니 이쿠ょく旅行に行く(여행을 자주 가요)'라고 답하는(일본어로 말하면 비슷한 발음이 반복되어 언어유희의 느낌을 준다 - 옮긴이 주) 사람을 본 적이 있습니다. 쉬는 날마다 스키를 타거나 여행을 다니는 것도 아니었을 텐데, 이제와 냉정히 생각해보면 사실 여부와 관계없이 대화의 소재로 삼기 위해 그런 답변을 했던 것 아닐까 싶습니다.

취미 혹은 좋아하는 것에 대한 질문을 받았을 때도 마찬가지입니다. '비틀즈를 좋아해요' 같이 정말 자신이 좋아하는 것을 전달한다 해도 그 내용이 마이너하거나 파고들 여지가 없는 경우에는 대화가 이어지기 어렵습니다. 실제로 좋아하는 것이 비틀즈라 할지라도 '캬리파뮤파뮤(파격적인 비주얼과 콘셉트로 주목받는 일본 뮤지션 - 옮긴이 주)를 좋아해요'라는 식의 조금은 독특하고 튀는 대답을 하는 것이 대화에 도움이 될지 모릅니다(물론 비틀즈는 굉장한 메이저지만 지금의 중고생이나 청소년들이 주로 듣는 음악은 아닐 테니까요). 이런 식의 대화가 지루하고 의미 없게 느껴질 수도 있지만 침묵을 지키다 어색해지는 것보다야 낫지 않을까요?

자신이 질문을 받았을 경우, 답을 한 후에 상대방에게 같은 질문을 되묻는 것도 좋은 방법입니다. 보통 자신의 흥미나 관심의 범위 안에서 질문을 하는 일이 많기 때문에 어떤 면에서는 본인이 하고 싶은 이야기가 있을 때 그 대화의 물꼬를 트기 위해 상대방에게 질문하는 것이라고도 볼 수 있습니다.

불편한 주제가 나오거나 능숙한 답변을 하지 못해 대화가 끊겨버렸을 때는 이쪽에서 먼저 다른 주제의 이야기를 꺼내는 것이 좋습니다. 이럴 때에 대비해 '여가 시간을 어떻게 보내는지', '보통 어떤 생각을 하며 일하는지(성실한 청년 스타일로)', '어떤 경험이나 경력이 있는지' 등 대화의 발판이 될 만한 몇 가지 주제를 준비해둘 것을 추천합니다.

이렇게 말하긴 했지만, 사실 이 정도의 질문은 상대방에게 어느 정도만 관심을 가지고 있으면 자연스럽게 떠오를 만한 것들입니다. 그러니 평상시에 다른 사람들의 장점을 살펴보고 좋아할 만한 부분은 없는지 주의를 기울여보면 어떨까요.

감정을 표현한다

소통에 서툰 사람은 대화 속에서 감정을 드러내는 것이 무의미하다고 느끼는 일이 많을지 모릅니다. 하지만 조금만 멀리 내다볼까요? 상대방의 입장에서는 내가 어떤 생각을 하는지, 어떤 사람인지 알 수 없어 불안할 수도 있습니다. 감정 표현을 하지 않음으로써 스스로 더 깊은 고독을 초래할 가능성 역시 부정할 수 없죠.

자기 이야기를 하는 것이 부끄럽게 느껴질 수도 있지만 '즐겁다', '불안하다', '원한다', '하고 싶지 않다' 등의 감정을 솔직하게 표현하다 보면 상대방에게 자신의 '윤곽'을 보여줄 수 있고, 이로 인해 인간관계가 원활해질 수도 있습니다.

왠지 모르게 불편한 일을 시킬 것 같은 느낌이 들 때, 표현하지 않고 입 다물고 있다고 주변이 알아서 그 사실을 눈치채고 배려해주는 경우는 거의 없습니다. 반대로, 상대방 덕분에 기분이 좋았을 때도 '기쁘다', '좋았다'라고 표현하지 않으면 상대방에게 제대로 전달되지 않을 확률이 높죠. 냉정히 생각하면 지극히 당연한 이야기지만, 소극적이고 수줍음이 많은 사람이 이런 표현을 하기란 상당히 어렵습니다.

스스로와 상대방 모두를 존중하며 서로의 의견을 맞춰가는 '적극적인 의사소통assertive communication'은 사회생활에서도 중요시됩니다. 소통하는 쌍방 모두에게 좋은 관계를 구축하기 위한 첫걸음으로 자신의 감정을 드러내는 시도부터 해보는 것이 어떨까요?

대화 자체가 목적인 대화가 존재한다는 사실과 그런 대화의 장점을 이해하고 있더라도 이야기를 이어가기 힘들다는 생각이 들면 솔직하게 대화를 마무리 지을 수 있는 자기 나름의 방법을 찾는 것도 좋습니다. 본인이 피로함을 느낄 때는 상대방 역시 대화에 지쳐있을 가능성이 있고, 그럴 때는 그냥 대화를 끝내는 것이 정답일 수도 있습니다.

회식 자리 등에서 이야깃거리가 떨어졌을 때는 화장실에 다녀오며 시간적 틈을 두면 그사이 화제가 바뀌어 있을지도 모릅니다. 테이블에 많은 사람들이 있으면 대화하기 쉬울 것 같은 사람 쪽으로 자리를 바꿀 수도 있을 테고요. 그 밖의 상황에서도 미리 '○○시부터는 약속이 있다'고 전해둔다든지 '내일 아침 일찍 나가야 한다', '곧 다시 일하러 가야 한다' 등 빠져나오기 위한 적당한 이유를 미리 말해두면 대화에 대한 스트레스를 다소 줄일 수 있을 것입니다.

또한, 다음과 같이 음 캐릭터의 특성을 잘 이용하면 대화가 끊기는 것에 대한 책임감에서 다소 자유로워질 수 있습니다. "저는 음 캐릭터라서 회식에 간다는 사실만으로 불안해요", "저 커뮤니케이션 장애라 도중에 도망갈지도 몰라요"라는 식으로 자신의 캐릭터를 설정해서 "이야깃거리가 다 떨어졌어요", "슬슬 힘들기 시작하네요" 하는 식으로 지금의 대화를 메타적으로 건드리는 기술입니다.

인플루언서가 "제가 좀 음흉해요"라며 자학풍의 캐릭터를 구축한 경우는 조금만 선을 넘어도 호되게 비난받겠지만, 사적인 자리에서라면 그렇게까지 문제가 되지 않습니다. 어쩌면 상대방의 기대치를 낮춤과 동시에 대화에 서툰 자신을 배려하도록 유도하는 강력한 무기가 될지도 모릅니다.

어설프게 사회에 적응한 척을 해 봤자 어느 정도 접하다 보면 그 사람의 본모습이 드러나기 마련입니다. 어차피 커뮤니케이션에 서툴다는 사실을 들키게 될 바에야 미리 자진해서 말하는 태도를 취해보자는 것이죠. 어쭙잖게 사회생활에 익숙한 척하느라 피로감을 느끼는 일이 잦다면 이런 음 캐릭터 특유의 유머를 활용하는 방법이 효과적일 수 있다고 생각합니다.

마치며

으아~ 힘드네요, 드디어 완결입니다!

책을 읽으면서 '얘는 아는 척만 하고 솔직하지가 않네'라는 인상을 받으신 분도 계실 거예요. 저도 그렇게 생각합니다. 이렇게 자신을 꾸며내는 면, 자존심이 센 부분까지 포함해 저다운 모습이 불거져 나온 듯한 기분이 듭니다.

편집자가 개인적인 경험을 더 넣어달라는 제안을 했지만 솔직히 말해 제 학창 시절에는 책에 실을 만한 드라마틱한 에피소드가 없습니다. 그저 조용히 집과 학교를 오간 기억뿐이죠. 그런 와중에 예전에 적어둔 메모 등을 들춰보며 어찌어찌 과거의 체험담 몇 가지를 추려냈습니다. 본문에 같은 에피소드가 반복되어 나오는 일도 있었을 텐데, 이런 생활을 해왔기 때문이라고 이해해주시면 감사하겠습니다.

마치며

평소에 저는 책을 그리 자주 읽지 않습니다. 책에 담긴 정보를 얻고 싶을 때는 인터넷에 있는 요약본이나 유튜브의 해설 동영상을 보면 내용을 파악할 수 있기 때문입니다.

책을 읽는 행위의 가치는 정보를 얻는다는 실용성보다는 책을 읽는 체험 그 자체에 있다고 생각합니다. 그렇기 때문에 감정적 충실함을 지닐 수 있도록 조금 장황한 이야기도 의식적으로 함께 넣었습니다(실제로 완성된 책을 읽으니 생각보다 깔끔하게 정리된 것 같지만요).

이 책을 쓰는 동안 저 역시 아직 미숙하며 새롭게 배워야 할 점이 많다는 사실을 절실히 느꼈습니다. 평소 제가 하는 일은 처음부터 끝까지 혼자 하는 경우가 많은데 이 책은 출판사의 편집자, 콘텐츠 에디터와 함께 작업했습니다. 저는 사회인이 된 지금도 팀플레이에 서툰 면이 있습니다. 집필 과정에서 제 생각을 제대로 전하지 못한 부분도 있었고, 제작 과정에서 두 분께 여러모로 제멋대로인 요구를 했는데 이 글을 통해 사과와 감사를 전합니다.

책 중간에 들어간 칼럼은 당초 계획에 없었지만 편집자가 '젊은 독자들이 즐겁게 읽을 수 있도록 쉬어가는 코너도 넣어보죠'라고 제안해서 삽입하게 되었습니다. 개인적으로는 이 책의 이미지에 맞을지 고민스럽기도 했는데 독자들이 만족해주신다면 그 이상은 없으니까요. 좋은 악센트가 되었으면 좋겠습니다.

단 한 줄이라도 이 책을 읽은 분들의 마음을 울리는 내용이 있다면 그것으로 충분하다고 생각합니다. 만약 그런 부분이 있었다면 SNS 등으로 감상과 리뷰를 남겨주시면 감사하겠습니다. 여러분의 의견을 잘 받아들여 앞으로의 활동 양식으로 삼겠습니다.

이런 자리니까 그냥 솔직히 털어놓자면, 저는 말로는 인간을 싫어한다고 하면서 정작 아무도 상대해주지 않으면 외로워하는 그야말로 '비뚤어진 관심 종자'니까요.

일부러 시간을 내어 이 책을 읽어 주셔서 감사합니다. 온라인에서 꼭 다시 만나요.

코스메틱 다나카

참고 문헌

제1장

- 마티 올슨 래니 『내성적인 사람이 성공한다內向型を強みにする』
  (panrolling)
- Jung, Carl (1995). Memories, Dreams, Reflections. London: Fontana
  Press.
- 후생노동성
  https://www.mhlw.go.jp/kokoro/know/disease_depressive.html
  https://www.mhlw.go.jp/kokoro/know/disease_develop.html
- Moehler, E.; Kagan, J.; Oelkers-Ax,R.; Brunner, R.; Poustka,
  L.; Haffner, J.; Resch, F. (March 2008). "Infant Predictors
  of Behavioral Inhibition". British Journal of Developmental
  Psychology.

제2장

- Alia J. Crum and Peter Salovey, Shawn Achor(2013).Rethinking
  Stress: The Role of Mindsets in Determining the Stress Response
- Yerkes RM, Dodson JD 1908 The relation of strength of stimulus to
  rapidity of habit-formation. Journal of Comparative Neurology and
  Psychology.

- Dollard, J., Miller, N. E., Doob, L. W., Mowrer, O. H., & Sears, R. R. (1939). Frustration and aggression. Yale University Press.

제3장

- Smith, R. A. (1995). Challenging Your Preconceptions: Thinking Critically about Psychology. Pacific Grove, CA: Brooks/Cole.
- 간노 히토시 『친하다는 이유만으로 友だち幻想』

제5장

- 대니얼 카너먼 『생각에 관한 생각ファスト&スロー(上)(下)』
- 외견에 관한 인식 실험(미국 노스웨스턴대학)

HajoAdam, Adam D.Galinsky(2012).Enclothed cognition.

"세상 모든 것에 감탄하는 지혜로운 사람들의 공간"
도서출판 호밀밭

고독 마인드 입문

ⓒ 2023, 코스메틱 다나카コスメティック田中

초판 1쇄	2023년 08월 24일
지은이	코스메틱 다나카コスメティック田中
옮긴이	황국영
책임편집	민지영
디자인	박규비
펴낸이	장현정
펴낸곳	호밀밭
등록	2008년 11월 12일(제338-2008-6호)
주소	부산광역시 수영구 연수로 357번길 17-8
전화	051-751-8001
팩스	0505-510-4675
홈페이지	homilbooks.com
이메일	homilbooks@naver.com

Published in Korea by Homilbooks Publishing Co, Busan.
Registration No. 338-2008-6.
First press export edition August, 2023.

Author Cosmetic Tanaka   **Translator** Hwang Gukyoung
ISBN 979-11-6826-114-3   03190